DEUTSCHLAND
Von der Nordsee bis zu den Alpen

GERMANY
From the North Sea to the Alps

ALLEMAGNE
De la mer du Nord aux Alpes

DEUTSCHLAND
GERMANY
ALLEMAGNE

■ Inhalt ■ Contents ■ Sommaire

Deutschland
EINE BILDERREISE

von Hans Dollinger

■ «Reisen bildet» hat schon Goethe in *Wilhelm Meisters Lehrjahre* dem «gescheiten Menschen» angeraten und dem weniger reiselustigen Schiller in einem Brief erklärt: «Für Naturen wie meine ist eine Reise unschätzbar – sie belebt, berichtigt und belehrt.» Es waren denn auch die Dichter und Maler, aber auch die Handwerksburschen, die im 18. Jahrhundert mit als erste der jahrhundertelangen Kleinstaaterei in Deutschland zu entfliehen suchten und sich ohne Scheuklappen über die Grenzen ihrer engeren Heimat hinweg in die deutschen Nachbarländer vorwagten. Sie beherzigten bereits damals, was der Schweizer Dichter Gottfried Keller noch hundert Jahre später den eidgenössischen und deutschen Stubenhockern vorwerfen sollte: «Wer unter Heimatliebe nur die Zuhausehockerei versteht, wird der Heimat nie froh werden, und sie wird ihm leicht nur zu einem Sauerkrautfaß.»

Im 19. Jahrhundert weitete sich die Heimat engstirniger Kleinstaatler als Folge umwälzender politischer, industrieller und technischer Entwicklungen zur vielgestaltigen Heimatlandschaft eines «ganzen Deutschland» – geprägt von den unverwechselbaren Regionen zwischen den Alpen im Süden und den Meeren im Norden. Gleichsam den Wahlspruch für die Anfänge des Reisens im eigenen Lande prägte in jenen Jahren der deutsche Dichter Jean Paul, auch er einer der reiselustigen Geister wider die kleinstaaterische Enge: «Nur reisen ist Leben, wie umgekehrt das Leben reisen ist.» Das Reisen in Deutschland ist also erst etwas mehr als ein Jahrhundert alt. Und erst mit dieser Entwicklung bekam auch der Begriff Heimat andere Dimensionen – Dimensionen, die heute im wahrsten Sinne des Wortes wieder neu

Germany
A PICTORIAL JOURNEY

by Hans Dollinger

■ «Travel broadens the mind», as Goethe advised the «wise man» in *Wilhelm Meisters Lehrjahre*, and as he explained in a letter to Schiller, who was less keen on travelling: «For someone of my disposition a journey is of immense value – it invigorates, improves and informs.» It was the poets and the painters as well as the journeymen who were among the first to attempt to flee Germany's centuries-old particularism, to venture without blinkers across the borders of their more confining homeland into the neighbouring German states. They had already taken to heart the words with which the Swiss poet Gottfried Keller would reproach all forsworn stay-at-homes some one hundred years later: «Those who interpret love of country as simply staying at home will never be happy there, and they will soon be soured on it.»

As a result of revolutionary political, industrial and technical developments, the homeland of narrow-minded particularists expanded during the 19th century into the diversified homeland of a «whole Germany» – characterized by the distinctive countryside between the Alps in the south and the seas in the north. As a campaign slogan for the encouragement of travel in his own land, the German poet Jean Paul, who delighted in travel and was an opponent of provincial homebodies, declared: «Only travel is life as conversely life is travel.» Travel in Germany is thus only a little over one hundred years old. And it was not until this development that the concept of homeland took on other dimensions which today

Allemagne
INVITATION AU VOYAGE

par Hans Dollinger

■ Dans son œuvre *Les Années d'apprentissage de Wilhelm Meister*, Goethe rappelle à «l'homme sensé» toute la valeur de l'adage: «Les voyages forment la jeunesse», et écrit à son contemporain Schiller qui n'aimait guère voyager: «Pour des natures comme la mienne, le voyage n'a pas de prix – il vivifie l'esprit, permet de corriger ses vues et instruit». Cette aspiration à quitter l'univers étriqué de la province se manifesta dès le XVIIIᵉ siècle parmi les poètes et les peintres, mais aussi parmi les compagnons qui furent les premiers à jeter un coup d'œil curieux par-delà les frontières de leur pays natal. Ceux-ci avaient en effet compris ce qu'un siècle plus tard l'écrivain suisse Gottfried Keller reprochera à ses contemporains helvètes et allemands, jugés trop sédentaires: «Qui ne conçoit son amour du pays natal que comme l'entretien d'habitudes casanières, ne sera jamais à même de l'apprécier à sa juste valeur, et finira tôt ou tard par s'enfermer dans un quotidien amer.»

Au siècle dernier, de profonds bouleversements politiques, industriels et techniques induisirent un élargissement de la notion de pays natal, consécutif à l'apparition d'une nation allemande s'étendant désormais de la mer du Nord aux Alpes et regroupant des régions d'une grande diversité. Le poète Jean-Paul, également épris de voyages et hostile à l'esprit casanier, encouragea ses compatriotes à découvrir leur propre pays: «C'est le voyage qui est la véritable vie, comme inversement la vie est un voyage.» Il y a donc un peu plus d'un siècle que les Allemands commencèrent à voyager dans leur propre pays. Le concept de pays natal prit alors de nouvelles dimensions, réalité dont on peut, depuis la réunification

erfahren werden können. Reisen im wieder geeinten Deutschland, von der Nordsee zur Ostsee, nach Mecklenburg-Vorpommern und Rügen, von Niedersachsen über Sachsen-Anhalt nach Brandenburg und Berlin, vom Münsterland rheinaufwärts bis Mainz, nach Hessen und Thüringen und in die Freistaaten Sachsen und Bayern, in die Alpen, in den Schwarzwald und zum Bodensee – all dies geschieht in den Bildern dieses Buches. Eine Reise in jenem Deutschland, zu dem selbst ein Kurt Tucholsky Ja gesagt hat, Ja zu: »Dem Land, in dem wir geboren sind und dessen Sprache wir sprechen. Der Staat schere sich fort, wenn wir unsere *Heimat* lieben […] unerschütterlich, ohne Fahne, ohne Leierkasten, ohne Sentimentalität und ohne gezücktes Schwert.«

In der Vorrede zu seinem 1929 erschienenen Buch *Deutschland, Deutschland über alles* – mit dem Titel nach dem «törichten Vers eines großmäuligen Gedichts» – lesen wir nach, was Tucholsky zur Definition der Heimat Deutschland einfiel, ihm, dem Dichter, der 1933 ins Exil nach Schweden ging, wo er zwei Jahre später aus Verzweiflung über die anbrechende dunkelste Zeit Deutschlands den Freitod wählte: «Es besteht kein Grund, vor jedem Fleck Deutschlands in die Knie zu sinken und zu lügen: wie schön! Aber es ist da etwas allen Gegenden Gemeinsames – und für jeden von uns ist es anders. Dem einen geht das Herz auf in den Bergen, wo Feld und Wiese in die kleinen Straßen sehen, am Rand der Gebirgsseen, wo es nach Wasser und Holz und Felsen riecht, und wo man einsam sein kann; wenn da einer seine Heimat hat, dann hört er dort ihr Herz klopfen. Das ist in schlechten Büchern, in noch dümmeren Versen

can be discovered anew, in the truest sense of the word. Travel in reunited Germany, from the North Sea to the Baltic, to Mecklenburg-Western Pomerania and Rügen, from Lower Saxony via Saxony-Anhalt to Brandenburg and Berlin, from Münsterland up the Rhine towards Mainz, to Hesse and Thuringia and the Free States of Saxony and Bavaria, into the Alps, into the Black Forest and to Lake Constance – all this is illustrated in this book. A journey through that Germany to which even Kurt Tucholsky gave his approval in these words: «The country in which we are born, and whose language we speak. The state be hanged when we love our *homeland* […] unflinchingly, without banners, without accordions, without sentimentality, and with sheathed swords.»

In the preface to his book *Deutschland, Deutschland über alles*, published in 1929, the title of which is taken from the «idle verse of a braggart poem», the poet, who was expatriated in 1933 and who committed suicide in Sweden in 1935 in despair over Germany's encroaching darkest hour, defined his idea of the German homeland: «There is no reason to sink to one's knees for every little scrap of Germany and to lie: how lovely! However, there is something about all regions – different for each and every one of us. For one the heart is uplifted in the mountains, where fields and meadows look onto little roads, on the edge of mountain lakes, where there is the scent of water and wood and cliffs, and where one can

Sylt: Am Strand von Westerland.
Sylt: Westerland Sea-coast.
Île de Sylt: la plage de Westerland.

des deux Allemagne, faire pleinement l'expérience. Ce voyage à travers l'Allemagne réunifiée mène de la mer du Nord à la mer Baltique, vers les régions de Mecklembourg-Poméranie occidentale et de Rügen, vers le Brandebourg et Berlin en traversant la Basse-Saxe et la Saxe-Anhalt; depuis la région de Münster, il se prolonge jusqu'à Mayence en suivant le Rhin, traverse la Hesse et la Thuringe avant de gagner les états libres de Saxe et de Bavière puis les Alpes, la Forêt-Noire pour enfin venir s'achever sur les rives du lac de Constance. Il s'agit de découvrir l'Allemagne à laquelle même Kurt Tucholsky a d'abord dit oui, oui au «pays dans lequel nous sommes nés et dont nous parlons la langue. Que l'État déguerpisse! Nous aimons notre patrie […] inébranlablement, nous l'aimons sans drapeau, sans orgue de Barbarie, sans sentimentalité et sans épée dégainée.»

Dans la préface de son livre *Allemagne, Allemagne par-dessus tout*, Kurt Tucholsky avait exprimé ce que lui inspirait son pays natal qu'il aimait: « Il n'y a aucune raison de tomber à genoux devant chaque petit coin de pays et de s'écrier: que c'est beau! Toutes ces régions ont cependant quelque chose de commun, et pour chacun des nous c'est différent. L'un s'exaltera à la vue des paysages alpestres où champs et prés dévalent vers les petites routes parcourant les vallées, à la vue des lacs de montagnes où l'on respire l'odeur de l'eau, du bois et des rochers, et où l'on peut être seul; celui qui est de ce pays entendra battre là le cœur de la patrie. Objet de tant de mauvais livres, de poèmes plus stupides encore et de films, cet attachement au pays natal a été si dénaturé que l'on a presque honte de l'exprimer. Mais qui sait ce

Auf dem Gipfel der Zugspitze.
The Zugspitze Peak.
Au sommet de la Zugspitze.

und in Filmen schon so verfälscht, daß man sich beinah schämt, zu sagen: man liebe seine Heimat. Wer aber weiß, was die Musik der Berge ist, wer die Töne hören kann, wer den Rhythmus einer Landschaft spürt ...nein, wer gar nichts andres spürt, als daß er zu Hause ist; daß das da sein Land ist, sein Berg, sein See – auch wenn er nicht einen Fuß des Bodens besitzt ...es gibt ein Gefühl jenseits aller Politik, und aus diesem Gefühl heraus lieben wir dieses Land.»

In diesem Sinn brechen wir auf zu unserer Bilderreise, die natürlich unmöglich alle Schönheiten Deutschlands vorstellen kann. Die Auswahl ist subjektiv, vieles erfreut, manches fehlt. Vielleicht gelingt es aber, einige Besonderheiten der deutschen Landschaften anklingen zu lassen, das eine oder andere Kulturdenkmal wiederzuentdecken in diesem Land, das nach der knappen Definition eines alten Lexikons so zu verstehen ist: «Geschichtlich das geschlossene Sprach- und Siedlungsgebiet der Deutschen in Mitteleuropa innerhalb häufig wechselnder Staatsgrenzen.» Womit in fast stenograpischer Kürze das Charakteristische deutscher Geschichte auf einen Nenner gebracht ist. Der Hinweis auf «häufig wechselnde Staatsgrenzen» verdeutlicht auch etwas von dem Zwiespalt, der Deutschland nicht nur in unserem Jahrhundert entscheidend geprägt hat. «Die Rivalitäten verschiedener Staaten, Zollschranken und Grenzen auf deutschem Boden sind kein Sonderschicksal unserer Tage», resümierte der in Magdeburg geborene Schriftsteller Horst Krüger noch in den siebziger Jahren. «Sie sind beklagenswert, sie sind schmerzlich, aber wenn man ehrlich ist: Sie gehören leider zum eisernen Bestand unserer Geschichte.»

be alone; if someone feels his homeland is there, then that is where he hears its heart beat. This has been so falsified in bad books, in even worse poetry and movies, that one is almost ashamed to say: I love my homeland. But he who feels what the music of the mountains is, who can hear the tones, who can feel the rhythm of a landscape ... no, whoever feels nothing but that he is at home, that this is his land, his mountain, his lake – though he may possess not one inch of it ... that is a feeling beyond all politics, and because of this feeling we love this country.»

And thus we begin our pictorial journey, which naturally cannot represent all of Germany's beauty. The choice is subjective, much is pleasurable, some is missing. But perhaps it will be possible to bring to the reader's attention some of the special features of the landscape and cultural monuments in this country, which can be understood in the light of the definition found in an old encyclopedia: «The continuous linguistic and settlement area of the Germans in Central Europe bounded by frequently changing borders.» The reference to the «frequently changing borders» clarifies as well something of the internal division which has decisively characterized Germany: «The rivalries between states and the existence of custom barriers on German soil are nothing new», as Horst Krüger summed up in the 1970's. «They are regrettable, they are painful; but [...] they are unfortunately a ‹traditional› part of our history.»

Die Kasselburg bei Gerolstein.
Kasselburg Fortress at Gerolstein.
Le château de Kasselburg, à Gerolstein.

que signifie la musique des montagnes, qui peut en distinguer les sons, percevoir le rythme d'un paysage ... ou plutôt non ... qui ne ressent rien d'autre que l'impression d'être chez lui, que ce pays, cette montagne, ce lac sont véritablement siens, même s'il n'en possède pas un pouce ... (sait) qu'il existe un sentiment au-delà de toute considération politique, et que de ce sentiment même découle notre amour pour le pays.»

Cet ouvrage se propose de faire découvrir l'Allemagne et ne prétend pas présenter de manière exhaustive tout ce qui en fait la beauté. Le choix ne pouvait être que subjectif. On ne peut pas tout montrer en quelques pages mais l'important était de mettre en relief la diversité et l'originalité des paysages, de dévoiler certaines richesses du patrimoine culturel de l'Allemagne, dont un vieux dictionnaire donne une définition très concise: «Historiquement, la région linguistique et de colonisation allemande, située en Europe centrale, à l'intérieur de frontières d'État au tracé très changeant.» L'allusion aux «frontières d'État au tracé très changeant» permet de mieux comprendre le problème de scission interne qui a marqué non seulement l'histoire de l'Allemagne du XXᵉ siècle mais s'est traduit au fil des siècles par des «rivalités entre États et l'existence de barrières douanières et de frontières sur le sol allemand ne sont pas nouvelles. Elles sont pitoyables, douloureuses, mais, si l'on est sincère, il faut reconnaître qu'elles font malheureusement partie intégrante de notre histoire» comme le faisait remarquer dans les années soixante-dix l'écrivain Horst Krüger, natif de Magdebourg.

Die friedliche Revolution von 1989, die in Deutschland nach 40 Jahren das Ende der Teilung einleitete und die auch ganz Osteuropa erschütterte, formulierte strenggenommen keine neuen Forderungen, sondern wiederholte die der Märzrevolution des Jahres 1848: Freiheit, Demokratie, Einheit und nationale Selbstbestimmung. So betrachtet, fügt sich das, was seitdem in Berlin und in den Hauptstädten Osteuropas geschah, bruchlos in die deutsche und europäische Tradition. Die Erben dieser Neuordnung des «europäischen Hauses» werden eines Tages die Geschichtsbücher ihrer Väter umschreiben, und dabei werden sie die Begriffe Nation und Europa mit neuen Inhalten füllen. Erst dann kann auch für die politischen Ereignisse von 1989 und für die neue Einheit Deutschlands zutreffen, was Goethe im Jahr 1792 nach dem Sieg des französischen Revolutionsheeres über die vereinigten Armeen Preußens und Österreichs vorhersagte: «Von hier und jetzt geht eine neue Epoche der Weltgeschichte aus.»

Eine Reise durch das Deutschland von heute, durch das wiedervereinigte Deutschland, ist auch eine Reise durch zwei Jahrtausende deutscher Geschichte, wie sie sich in historischen Denkmälern, Domen und Kirchen, aber auch in Zeugnissen einer dynamischen Gegenwart eindrucksvoll offenbart. Von Nord nach Süd, von der Insel Sylt bis zum Watzmann-Massiv bei Berchtesgaden, entfalten die folgenden Bildseiten ein Kaleidoskop deutscher «Ansichten» und Impressionen, Landschaften und Stimmungen. Am Anfang steht eine nicht minder vielseitige Auslese literarischer Zitate, die zeigen, wie Schriftsteller und Dichter der letzten zwei Jahrhunderte Deutschland erlebten, erfühlten und beschrieben.

Das Rote Kliff auf Sylt.
The Rotes Kliff on Sylt.
La falaise Rouge surl'île de Sylt.

The peaceful revolution of 1989, which heralded the end of Germany's division after 40 years, and which spread to all of eastern Europe, had indeed no claims other than those of the 1848 March revolution: liberty, democracy, unity and national sovereignty. Viewed thus, the events in Berlin and in the eastern European capital cities conform to the German and European tradition. The beneficiaries of this new order of things within the «European house» will one day rewrite the history books of their forefathers, and they will give a new meaning to the concept of nation and Europe. Only then will Goethe's predictions of 1792, made following the victory of the French Revolutionary army over the armies of Prussia and Austria, apply to the events of 1989 and to the new German unity as well: «From this day and this place dates a new era in the history of the world.»

Travelling through the Germany of today, through reunited Germany, is a journey through two thousand years of German history as well, revealed in historical monuments, cathedrals and churches, as well as in testimonials of a dynamic present. From the north to the south, from the island of Sylt to Mount Watzmann near Berchtesgaden, the following photographs display a kaleidoscope of German vistas and impressions, landscapes and atmosphere. We begin with a not less varied selection of literary quotations which depict how authors and poets over the last two centuries experienced, felt and described Germany.

La révolution pacifique de 1989 mit un terme à la division de l'Allemagne et fut l'un des épicentres du séisme qui ébranla toute l'Europe de l'Est. Les revendications restent les mêmes que celles formulées lors de la révolution de mars 1848: liberté, démocratie, unité et autodétermination. Considérés sous cet angle, les événements survenus depuis 1989 à Berlin et dans les capitales des pays de l'Est s'inscrivent logiquement dans la tradition allemande et européenne. Les héritiers de cette nouvelle ordonnance de la «Maison Europe» réécriront sans doute un jour l'histoire de leurs pères et redéfiniront les concepts de nation et d'Europe. Alors seulement , il sera possible d'appliquer à la révolution de 1989 et à la réunification de l'Allemagne ces mots de Goethe qui déclara en 1792, après la victoire des troupes révolutionnaires françaises sur les armées austro-prussiennes: «D'aujourd'hui et de ce lieu date une ère nouvelle dans l'histoire du monde.»

Un voyage à travers l'Allemagne d'aujourd'hui, à travers l'Allemagne réunifiée, c'est tout d'abord un voyage à travers deux mille ans d'histoire allemande qu'illustrent de multiples monuments, de nombreuses églises et cathédrales, mais aussi les manifestations d'un présent dynamique. Au fil des pages se succèdent paysages, perspectives et ouvrages architecturaux d'où se dégagent une multitude d'impressions diverses, de sensations colorées glanées au cours d'un itinéraire menant du nord vers le sud du pays, de l'île de Sylt au massif du Watzmann, près de Berchtesgaden. Cette invitation au voyage donne aussi la parole à des poètes et des écrivains qui ont décrit l' Allemagne à des époques différentes.

Am Portal des Schweriner Schlosses.
The main portal of Castle Schwerin.
L'entrée du château de Schwerin.

Die Reise beginnt im nördlichsten Bundesland, im «meerumschlungenen» **Schleswig-Holstein** mit seiner Hauptstadt Kiel, den lebhaften Badeorten an Nord- und Ostsee, Deutschlands einzigem mondänen Seebad Sylt und den streng anmutenden alten Handelsstädten. Für Peter Wapnewski, den aus Kiel stammenden, zeitgenössischen Literaten, ist seine Heimat eine «Welt, aus Himmel gemacht. Vor allem Himmel, er nimmt neun Zehntel des sichtbaren Raums ein. Der Rest ist Erde und Meer. Es ist leicht einzusehen, daß ein Mensch inmitten solcher Zuordnung von Elementen und Farben ein anderer wird als zwischen Bergen, die Augen werden anders, die sehen immer in eine Weite; und die Bewegungen sind anders, die werden langsamer, weil sich ihnen etwas von der Zeitlosigkeit der Elemente mitteilt.»

Etwas von diesem Lebensgefühl spürt man auch bei Schleswig-Holsteins östlichen Nachbarn in Mecklenburg-Vorpommern – ist ihre bevorzugte Maxime doch ein bedächtiges: «Allen bliwwt bi'n Ollen» (Alles bleibt beim Alten). Das konstatierte schon der Mecklenburger Mundartdichter Fritz Reuter, einer der meistgelesenen deutschen Autoren des 19. Jahrhunderts, und schlug denn auch vor, diesen Grundsatz an den Anfang jeder mecklenburgischen Verfassung zu stellen.

Das neue Bundesland mit der Hauptstadt Schwerin ist das Land der Seen, Schlösser und Katen, der alten Hansestädte an der Ostseeküste und ihren vorgelagerten großen Inseln Rügen und Usedom. Hier entdeckte auch der Reiseschriftsteller Horst Krüger schon als junger Mann seine Liebe zur Ostsee, die für ihn, gemessen am Atlantik oder der Nordsee, eigentlich nichts anderes ist als «ein sehr großer See,

Allee auf Rügen.
Avenue on Rügen.
Une allée, sur l'île de Rügen.

Our journey begins in the northernmost state, in **Schleswig-Holstein**, «cradled by the sea», with its capital city, Kiel, the lively resorts along the North Sea and the Baltic sea coasts, Germany's only fashionable ocean bathing resort of Sylt, and the very charming old trading centres. For Peter Wapnewski, contemporary man of letters born in Kiel, his birthplace of Schleswig-Holstein is a «world, composed of sky. Sky above all, it covers nine tenths of the visible space. The rest is land and sea. It is easy to understand that one who lives amid this combination of elements and colours differs from one who lives in the mountains; the eye develops differently, for it is always gazing into the distance.»

Some part of this feeling can also be perceived amongst Schleswig-Holstein's eastern neighbours in Mecklenburg-Western Pomerania – their favourite maxim being a prudent «Allen bliwwt bi'n Ollen» or «plus ça change, plus c'est la même chose.» One of the most widely read 19th century German authors, the Mecklenburg poet Fritz Reuter, who wrote in dialect, substantiated this, and suggested placing this axiom at the beginning of every Mecklenburg constitution.

The new state with its capital city of Schwerin is a land of lakes, castles and cottages, the Hanseatic towns on the Baltic sea-coast, and their large offshore islands Rügen and Usedom. Here the travel author Horst Krüger discovered his passion for the Baltic Sea, which, compared to the Atlantic Ocean or the

Le **Schleswig-Holstein**, le plus septentrional de tous les Länder, constitue la première étape de ce voyage. La côte occidentale de cette région «embrassée par la mer» offre d'accueillants lieux de villégiature; elle est en outre bordée par les îles frisonnes, dont Sylt, l'une des stations balnéaires les plus mondaines d'Allemagne. Outre Kiel, la capitale, le Schleswig-Holstein comporte de vieilles cités marchandes qui affichent une beauté sévère. Peter Wapnewski, écrivain contemporain originaire de Kiel, dépeint son pays natal comme «un univers fait de ciel. Surtout de ciel, un ciel qui occupe la quasi totalité de l'espace visible. Le reste n'est que terre et mer. Il est facile de comprendre qu'un être placé dans un tel assemblage d'éléments et de couleurs soit différent d'un homme vivant parmi les montagnes, différent de par son regard dirigé toujours vers le lointain, de par ses mouvements qui se font plus lents parce qu'ils sont eux-mêmes légèrement imprégnés du caractère intemporel des éléments.»

Cette atmosphère est également perceptible dans le Land voisin de Mecklembourg-Poméranie occidentale dont la devise exprime parfaitement l'apparente immuabilité: «Rien ne change, ni ne changera». Constatant que cette formule caractérisait parfaitement les Mecklembourgeois, Fritz Reuter, écrivain régional (l'un des auteurs les plus populaires d'Allemagne au XIXᵉ siècle) proposa de la faire figurer en tête des principes fondamentaux de toute nouvelle constitution du Land. Né de la réunification des deux Allemagne, ce tout jeune État, dont la capitale est Schwerin, est un pays de lacs, de châteaux et de petites maisons de pêcheurs. Il s'ouvre sur la Baltique, et sur son littoral s'alignent les vieilles cités hanséatiques,

ein Binnenmeer, wie man sagt. Kaum sind hier Gezeiten zu erkennen. Nur selten bei Unwettern bäumen sich meterhohe Wellenkämme auf, gischten und brechen dann tosend in sich zusammen. Die Ostsee ist ruhig, zivilisiert. Wettergebräunte Seefahrer nennen sie gern etwas verächtlich eine große Badewanne. Mich stört das nicht. Mir ist das recht. Badewannen sind sehr entspannend. Es ist erholsam, hier am Strand zu liegen, am Wasser entlang zu laufen. Keine Ebbe, keine Flut lockt und bedroht.»

Deutschlands «Tor zur Welt» ist – nach der deutsch-deutschen Wiedervereinigung vielleicht wieder mehr denn je – **Hamburg**: Die Millionenstadt und Welthandelsmetropole mit dem Flair großbürgerlicher Eleganz und dem zurückhaltenden Charme ihrer Bewohner. Wie sehr sie ihre Stadt lieben, hat wohl niemand eindrücklicher formuliert als Wolfgang Borchert, einer der großen Dichter der deutschen Nachkriegsliteratur: «Hamburg! Das ist mehr als ein Haufen Steine, Dächer, Fenster, Tapeten, Betten, Straßen, Brücken und Laternen […] mehr als Möwengelächter, Straßenbahnschrei und das Donnern der Eisenbahnen – das ist mehr als Schiffssirenen, kreischende Kräne, Flüche und Tanzmusik – oh, das ist unendlich viel mehr. Das ist unser Wille, zu sein. Nicht irgendwo und irgendwie zu sein, sondern hier und nur hier zwischen Alsterbach und Elbestrom zu sein – und nur zu sein, wie wir sind, wir in Hamburg. Das geben wir zu, ohne uns zu schämen: Daß uns die Seewinde und die Stromnebel betört und behext haben, zu bleiben – hierzubleiben […] Daß uns der Alsterteich verführt hat, unsere Häuser reich und ringsherum zu bauen – und daß uns der Strom verführt hat, unsere Sehnsucht nach den Meeren

North Sea, is really not much more than «a great lake, an inland sea. Here, the tides are hardly noticeable. High waves, thundering and hissing onto the beaches, occur only rarely, in stormy weather. The Baltic is tranquil, civilized. Veteran sailors like to call it the great bath-tub. That does not worry me at all. Bath-tubs are very relaxing. It is restful to lie here on the beach, to stroll along the water's edge. There is no ebb and flow for the tide to distract and threaten.»

Germany's «Gateway to the World» – perhaps more than ever since reunification – is **Hamburg**: the city of over a million people and a world trade metropolis with the flair of upper middle class elegance and the reticent charm of its inhabitants. The depth of their feeling for their city has probably never been better expressed than by Wolfgang Borchert, one of the great German post-war poets: «Hamburg! That's more than a heap of stones, roofs, windows, carpets, beds, streets, bridges and lamps. It's more than factory chimneys and the hooting of traffic – more than gulls' laughter, trams screaming and the thunder of the railways – it's more than ships' sirens, crashing cranes, curses and dance music – oh, it's infinitely more. It's our will to be. Not to be anywhere and anyhow, but to be here and only here between Alster stream and Elbe river – and only to be, as we are, we in Hamburg! We admit it without shame: that the sea wind and river mist have crazed and bewitched us to stay – to stay here […] City: home, heaven,

Blick auf das Hamburger Rathaus.
A view of Hamburg's Town Hall.
Vue de l'hôtel de ville de Hambourg.

face aux îles de Rügen et Usedom. Ce paysage côtier inspira dans ses jeunes années à l'écrivain Horst Krüger, auteur de nombreux récits de voyage, sa passion pour la mer Baltique qui, comparée à l'Atlantique ou à la mer du Nord, apparaît comme un «très grand lac, une mer intérieure. Les marées y sont à peine perceptibles. Ce n'est que rarement, par gros temps, que l'on voit de très grandes vagues se briser avec fracas sur le rivage. La mer Baltique est calme, civilisée. Les marins chevronnés la qualifient volontiers de grande baignoire. En ce qui me concerne, cela ne me dérange pas. Je trouve les baignoires très relaxantes. C'est reposant d'être allongé ici, sur la plage, ou de se promener le long de la mer. Pas de flux ni de reflux pour vous attirer et vous menacer.»

Plus que jamais sans doute **Hambourg** s'impose comme une porte ouverte sur le monde. Cette immense métropole, qui est aussi l'un des premiers ports européens, allie raffinement et élégance bourgeoise à la réserve courtoise de ses habitants. Wolfgang Borchert, l'un des grands noms de la littérature allemande d'après-guerre, a su mieux que quiconque faire l'éloge de sa ville natale: «Hambourg! C'est bien plus qu'un amas de pierres, de toits, de fenêtres, de papiers peints, de lits, de rues, de ponts et de réverbères. Bien plus que des cheminées d'usines et des klaxons de voitures, bien plus que le rire des mouettes, le cri strident des tramways ou le grondement sourd des trains, bien plus que des sirènes de bateaux, des grues qui grincent, des jurons et de la musique – oh, c'est infiniment plus. C'est toute notre volonté d'être. Pas d'être n'importe où et n'importe comment, mais d'être ici même, entre l'Alster et l'Elbe, et

Windmühle im Alten Land.
Windmill in the Altes Land.
Moulin à vent dans le Altes Land.

■ nachzusegeln [...], um wiederzukehren, wiederzukehren, krank und klein vor Heimweh nach unserm blauen Teich inmitten der grünhelmigen Türme und grauroten Dächer. [...] Stadt: Heimat, Himmel, Heimkehr – Geliebte zwischen Himmel und Hölle, zwischen Meer und Meer; Mutter zwischen Wiesen und Watt, zwischen Teich und Strom; Engel zwischen Wachen und Schlaf, zwischen Nebel und Wind.»

Vor den Toren Hamburgs, aber zum größten Teil bereits im benachbarten Bundesland Niedersachsen, liegt das Alte Land, Deutschlands nördlichstes Obstanbaugebiet. Jedes Jahr im Frühling verwandeln dort über vier Millionen Obstbäume die Flußmarschen an der Unterelbe in ein duftendes Blütenmeer. «Zur Zeit der Blüte», wie der Heimatdichter Hermann Allmers schon Mitte des 19. Jahrhunderts in seinem *Marschenbuch* schrieb, «wenn das ganze Land in einen weißen und rosigen Schleier gehüllt erscheint und ein tausendfältiges wohliges Leben darin summt und schwärmt und jubelt, bietet es einen Anblick dar, dessen eigentümliche Zaubersprache mit nichts vergleichbar ist.»

Ringsum von niedersächsischem Land umschlossen, bilden die beiden anderen großen Nordseehäfen, **Bremen** und Bremerhaven, zusammen das kleinste Bundesland. Am Rathaus im Herzen der alten Hansestadt lächelt der berühmteste Bremer, «Roland, der Ries'», seit nun bald 600 Jahren sein steinernes Lächeln, das selbst die Bremer nicht zu deuten wissen. Dort, wo Wilhelm Hauff zu Beginn des 19. Jahrhunderts seine weinpoetischen *Phantasien im Bremer Ratskeller* zu Papier brachte, verstand man sich von «uralter Zeit» her als Schlüssel «nicht allein zu Niedersachsen, sondern gar zum Reich».

■ homecoming – beloved between heaven and hell, between ocean and ocean: mother between meadow and mud, between river and lake: angel between waking and sleeping, between mist and wind.»

Just in front of Hamburg's gates, but for the most part in the neighbouring state of Lower Saxony, lies the Altes Land, Germany's northernmost fruit growing area. Every year in spring, over four million fruit trees transform the Lower Elbe fens into a fragrant sea of blossoms. The mid-19th century poet Hermann Allmers describes cherry blossom time in his *Marschenbuch* (The Marshland Book): «When the countryside appears to be covered with a white and rose-coloured veil within which a myriad of blissful life hums, swarms and rejoices, it presents a sight that cannot be surpassed in its particular magic.»

Surrounded by the state of Lower Saxony, the two other large North Sea harbours together form the smallest state in the republic: **Bremen** and Bremerhaven. For over 600 years, Bremen's most famous son, Roland the Giant, has been grinning down from the Town Hall in the heart of the Hanseatic town, the meaning of his grin escaping even the inhabitants of Bremen. Here where Wilhelm Hauff at the start of the 19th century wrote his oenopoetic verse, *Phantasien im Bremer Ratskeller* (Fantasies in Bremen's Town Hall Cellar), the townsfolk have since «time immemorial» considered themselves to be the key, «not only to Lower Saxony, but indeed to the entire realm».

Skulptur der Bremer Stadtmusikanten.
Statue of the Bremen Town Musicians.
Les Quatre musiciens de la ville de Brême.

■ nulle part ailleurs, d'être seulement ce que nous sommes, nous à Hambourg. Et nous n'avons pas honte de le dire: c'est le vent du large et les brumes du fleuve qui nous ont ensorcelés et conjurés de rester [...] Ville: pays natal, ciel, retour au pays – amante entre cieux et enfer, entre mer et mer; mère entre prés et rivages, entre étang et courant; ange entre veille et sommeil, entre brouillard et vent: Hambourg!»

Aux portes de Hambourg commence immédiatement le Vieux Pays (Altes Land), la région de cultures fruitières la plus septentrionale d'Allemagne. Chaque année, au printemps, quelque quatre millions d'arbres fruitiers métamorphosent les grasses prairies de l'Elbe inférieure en une mer de fleurs odorantes. Vers le milieu du XIXᵉ siècle, le poète régional Hermann Allmers évoque dans son *Marschenbuch* (Le Livre des Marches) la floraison des cerisiers : «Lorsque le pays entier apparaît comme enveloppé d' un voile blanc et rose et que la vie s' y manifeste de mille façons différentes, à la fois bourdonnante, fourmillante, enivrante, parlant un singulier langage dont le charme magique échappe à toute comparaison. [...] Entre les vergers s'alignent au bord des chemins de jolies petites maisons...».

Situés sur l'estuaire de la Weser, au cœur de la Basse-Saxe, les deux autres grands ports de la mer du Nord, **Brême** et Bremerhaven, forment le plus petit État fédéré d'Allemagne. Devant l'hôtel de ville de Brême, en plein cœur de la vieille ville hanséatique, se dresse l'immense statue du célèbre Roland, symbole des libertés de la ville, qui sourit énigmatiquement depuis bientôt six cents ans. Non loin de là, la sculpture des Quatre Musiciens de la ville de Brême, évoque le conte très populaire des frères Grimm.

■ **Niedersachsen**, das grüne Land zwischen Bergen und Meer, ist das Bundesland mit den stärksten landschaftlichen Kontrasten: Von den Sanddünen der Ostfriesischen Inseln über die Lüneburger Heide bis zum Harz, dessen idyllische Wald- und Bergeinsamkeit nicht nur die Dichter der deutschen Romantik zu schwärmerischen Schilderungen inspirierte. Niedersachsens Hauptstadt Hannover liegt mitten in der weiten Ebene des norddeutschen Tieflands, das zu Zeiten – an nebeligen Tagen oder zur Dämmerstunde – eine beinahe geheimnisvolle Atmosphäre ausstrahlt. So empfand es auch Madame de Staël, die Tochter von Jacques Necker, seines Zeichens Finanzminister Ludwigs XVI., als sie Anfang des 19. Jahrhunderts Deutschland bereiste: «Die öden Fluren, die von Rauch geschwärzten Häuser, die gotischen Kirchen scheinen für Hexen- und Gespenstergeschichten gemacht zu sein.»

Kein Gespenst zwar, aber doch ein «böser Geist» soll der sagenumwobene Rattenfänger von Hameln gewesen sein: Aus Rache dafür, daß man ihm den vereinbarten Lohn für seine Dienste verweigerte, verzauberte er, als Spielmann verkleidet, 130 Kinder mit seinen Flötenmelodien und lockte sie auf Nimmerwiedersehen aus der Stadt an der Weser in die Tiefen des nahegelegenen Kopfelbergs.

Die Hexen aber zog es weiter in den Süden des Landes, sie trafen sich zum Hexensabbat im Harz, auf dem mythischen «Blocksberg». Der mit 1142 Metern höchste Berg im Harz, der Brocken, erhebt sich heute allerdings bereits jenseits der Grenze, im östlichen Nachbarland Sachsen-Anhalt. Einer der ersten, der seine Naturerlebnisse im Harz in bewegende Verse faßte, war Johann Wolfgang von Goethe. Bereits

Sandstrand an der Nordsee.
Sandy beach at the North Sea.
Plage de la mer du Nord.

■ **Lower Saxony**, the green region between the mountains and the sea, is the state with the strongest contrasting landscapes: from the sand dunes of the East Frisian Islands through the Lüneburg Heath to the Harz, whose sylvan highland solitude inspired the German Romantic poets and others to enthusiastic descriptions. Lower Saxony's capital of Hanover lies in the centre of the broad north German lowland plains, which at times – on foggy days or at the twilight hour – radiate an almost mysterious atmosphere. Madame de Staël, daughter of Jacques Necker, finance minister to Louis XVl, perceived this when she travelled through Germany at the start of the 19th century: «The barren fields, the smoke-blackened houses, the Gothic churches seemed to be made for witches and ghost stories.»

The Pied Piper of Hameln was not a ghost, they say, but an «evil spirit». In revenge for not having received the agreed upon fee for ridding the city of rats, he bewitched 130 children with his flute melodies, enticing them, never to be seen again, from the city on the Weser to the near Kopfelberg.

The witches met for the Witches' Sabbath on the «Blocksberg». The highest mountain in the Harz chain, at 3,700 feet, the Brocken rises on the other side of the border, in the area of the eastern neighbouring state of Saxony-Anhalt. One of the first to write in moving verse his nature experiences in the Harz Mountains was Johann Wolfgang von Goethe. He climbed the mountain during his first journey

■ Verte contrée s'étirant entre la mer du Nord et les massifs hercyniens au sud, la **Basse-Saxe** est le Land présentant les contrastes géographiques les plus marqués: îles sableuses de la Frise orientale, lande de Lunebourg, haut plateau du Harz aux pentes couvertes de forêts dont la beauté sauvage inspira certaines des plus belles pages lyriques de la littérature romantique. La capitale de la Basse-Saxe, Hanovre, est située au cœur de la grande plaine du Nord; par temps de brouillard ou à l'heure crépusculaire, il s'en dégage une atmosphère presque mystérieuse qui impressionna vivement Madame de Staël lors de son voyage en Allemagne, au début du siècle dernier: «Les campagnes désertes, les maisons noircies par la fumée, les églises gothiques semblent préparées pour les contes de sorcières ou de revenants.»

Certes, ce n'est pas un revenant mais un «mauvais esprit» qui a rendu célèbre la ville de Hameln, située sur la rive droite de la Weser, au sud-ouest de Hanovre. Étrange personnage que ce «preneur de rats» qui promit, contre monnaie sonnante et trébuchante, de débarrasser la ville de tous ses indésirables rongeurs. Envoûtés par le son de son fifre, ceux-ci le suivirent jusqu'à la Weser où ils se noyèrent. Se voyant refuser la récompense promise, le singulier ménestrel, usant du même stratagème, entraîna quelque 130 enfants vers la montagne voisine de Kopfelberg où ils disparurent à jamais. Point culminant du massif du Harz, le Brocken (le mythique Blocksberg), 1 142 mètres, s'élève au-delà de la limite orientale de la Basse-Saxe, dans le Land de Saxe-Anhalt. Lors de son premier voyage dans le massif du Harz, en 1777, Goethe fit l'ascension de la fameuse montagne qui, dans l'intermède de son *Faust*, la «première nuit de

Wildbach im Harz.
Torrent in the Harz.
Torrent dans le massif du Harz.

auf seiner ersten Harzreise im Jahr 1777 erstieg er den Berg, der in der «ersten Walpurgisnacht» des *Faust* zum schauerlich-düsteren Schauplatz der «Hexen- und Teufelsfahrt des Brockengebirgs» wurde. Fast 50 Jahre später beschrieb Heinrich Heine seine seltsamen Erlebnisse auf dem Weg zum Gipfel: «In der Tat, wenn man die obere Hälfte des Brockens besteigt, kann man sich nicht erwehren, an die ergötzlichen Blocksberggeschichten zu denken, und besonders an die große, mystische, deutsche Nationaltragödie vom Doktor Faust. Mir war immer, als ob der Pferdefuß neben mir hinauf klettere, und jemand humoristisch Atem schöpfe. Und ich glaube, auch Mephisto muß mit Mühe Atem holen, wenn er seinen Lieblingsberg ersteigt; es ist ein äußerst erschöpfender Weg, und ich war froh, als ich endlich das lang ersehnte Brockenhaus zu Gesicht bekam.»

Das Bundesland **Sachsen-Anhalt** bildet zwar seit jeher eine kulturgeschichtliche Einheit, als politisches Gebilde existiert es jedoch erst seit der Nachkriegszeit – und auch das nur mit einer langen Unterbrechung. Abgesehen vom Harz sind es hier vor allem die alten und traditionsreichen Handels- und Domstädte, die einen klangvollen Namen haben: die Landeshauptstadt Magdeburg, Halle, Dessau, Merseburg, Naumburg oder die Lutherstadt Wittenberg an der Grenze zur Mark Brandenburg.

Das neue Bundesland **Brandenburg** war das Kerngebiet des alten Staates Preußen, der endgültig erst am 25. Februar 1947 vom Alliierten Kontrollrat aufgelöst wurde. Landeshauptstadt ist Potsdam mit Schloß Sanssouci, der Sommerresidenz Friedrichs des Großen (1712–1786), und Schloß Cecilienhof,

In Wernigerode.
In Wernigerode.
À Wernigerode.

through the Harz in 1777, using this venue in the «first Walpurgis night» in *Faust* as the spine-chilling, sombre setting for the «witches' and devil's journey in the Brocken Mountain Range». Almost 50 years later, Heinrich Heine was to describe his strange experiences on his way to the summit: «In fact, if one climbs the upper half of the Brocken, one cannot help thinking of the delightful stories about the Blocksberg and especially of the great mystic German national tragedy of Dr. Faust. I felt the entire time as if the cloven foot were climbing up beside me and as if someone were panting facetiously. And I believe that even Mephisto must gasp for breath when he climbs his favourite mountain; it is a most exhausting path, and I was glad when I at last caught sight of the long-yearned-for Brocken House.»

Saxony-Anhalt has always formed a homogeneous historic-cultural whole, but it has existed as a political structure only since the post-war period – and even this only after a long interruption. Apart from the Harz Mountains, it consists for the most part of old trading and cathedral towns: the state capital of Magdeburg, Halle, Dessau, Merseburg, Naumburg and Wittenberg on the border with Brandenburg.

The new state of **Brandenburg** was the heart of the old state of Prussia, which was definitively dissolved by the Allied Control Council on February 25, 1947. The state capital is Potsdam, with Sans Souci, Frederick II's (1712–1786) summer residence, and Cecilenhof Castle, the scene of Germany's division

Walpurgis», servira de décor à la ronde endiablée des sorciers et des sorcières. Presque un demi-siècle plus tard, Heinrich Heine relata les étranges sensations qu'il éprouva pendant l'ascension du Blocksberg: «Vraiment, lorsqu'on arrive à la partie supérieure du Brocken, on ne peut se défendre de songer à ces divines histoires du Blocksberg, et surtout à la grande et mystique tragédie nationale du docteur Faust! Il me semblait à chaque instant que j'entendais le fameux pied de bouc grimper près de moi et que j'entendais ricaner lorsque je reprenais haleine. Je crois que Méphistophélès est obligé de reprendre haleine aussi, lorsqu'il gravit sa montagne favorite; c'est une route affreusement fatigante, et ce fut avec une soudaine satisfaction que j'aperçus enfin la maison du Brocken que j'attendais depuis longtemps.»

Si la région de **Saxe-Anhalt** forme traditionnellement une unité historique et culturelle, elle n'a acquis son identité administrative et politique qu'après la guerre – et seulement au terme d'une longue interruption. Depuis 1990, elle constitue un état fédéré. Outre la ville épiscopale de Magdebourg, la Saxe-Anhalt possède de vieilles cités commerçantes, jadis sièges épiscopaux ou résidences ducales, telles que Halle, Dessau, Merseburg, Naumburg mais aussi Wittenberg – située à la frontière de l'ancienne marche de Brandebourg – qui fut jadis l'un des centres de la Réforme engagée par Luther.

Cet État fédéré nouvellement constitué fut le noyau de l'ancienne Prusse, symboliquement dissoute le 25 février 1947 par les Alliés. La capitale du **Brandebourg**, Potsdam, s'enorgueillit du château de Cecilienhof où se déroula en 1945 la conférence de Potsdam qui décida de la division de l'Allemagne en

◼ wo 1945 die Teilung Deutschlands besiegelt wurde. «Sans souci» – sorglos also – lebte Friedrich jedoch nur als Kronprinz in seinem Schloß in Rheinsberg, umgeben von Künstlern und Gelehrten. Rund um das 5000-Seelen-Städtchen, das durch Kurt Tucholskys bezaubernde gleichnamige Liebesgeschichte unsterblich wurde, erstreckt sich die Ruppiner Schweiz: Kiefernwälder auf sandigen Böden, sanfte Hügel und stille Seen. Sie ist auch die Heimat Theodor Fontanes, dessen *Wanderungen durch die Mark Brandenburg* die «Landschaft um Berlin herum» aus dem Schatten der Metropole treten ließen und ihr ein einzigartiges literarisches Denkmal setzten. Für Fontane war es «mit der märkischen Natur wie mit manchen Frauen. Auch die häßlichste hat immer noch sieben Schönheiten.»

Berlin, Deutschlands neue, alte Hauptstadt, ist eine Stadt mit Widersprüchen – und das nicht erst seit heute. Schon Germaine de Staël schildert es in ihrem 1813 Buch *De l'Allemagne* einerseits als «große Stadt, mit breiten geraden Straßen, schönen Häusern, und von regelmäßiger Bauart [...], den Brennpunkt der Aufklärung und des Lichts». Andererseits meinte sie: «Berlin, diese ganz moderne Stadt, so schön sie immer sein mag, bringt keine feierliche, ernste Wirkung hervor.» Für viele macht aber gerade diese Vielschichtigkeit den Reiz Berlins aus, sein Facettenreichtum, der sich je nach dem Blickpunkt des Betrachters zu einem anderen Bild formiert. So gab es für Bertolt Brecht, der von 1949 bis zu seinem Tod 1956 im Ostteil der Stadt gelebt hat, «einen Grund, warum man Berlin anderen Städten vorziehen kann: weil es sich ständig verändert» – und sich dabei doch selbst treu bleibt, wie Horst Krüger meint:

◻ in the year 1945. «Sans souci» – carefree – was the way Frederick lived as the crown prince in his castle in Rheinsberg, surrounded by artists and scholars. Around the town of some 5,000 souls, immortalized in Kurt Tucholsky's enchanting love story of the same name, stretches the Ruppin Switzerland: pine forests on sandy ground, gentle hills and peaceful lakes. This is also the birthplace of Theodor Fontane, whose *Wanderungen durch die Mark Brandenburg* (Rambles through Mark Brandenburg) elevated the «region around Berlin» from the metropolis's shadow, raising a unique literary monument to it. For Fontane, «The Mark nature is like that of some women. Even the most hideous has seven beauties.»

Germany's both new and old capital of **Berlin** is a city of contradictions – today as in times past. Germaine de Staël described Berlin in her book *De l'Allemagne*, published in 1813 in London, as, on the one hand, «a big city, with very broad streets that are perfectly straight, beautiful houses and a general appearance of orderliness.[...], the focal point of enlightenment and clarity.» On the other hand, in her opinion, «Berlin, this entirely modern city, however beautiful it may be, does not make a serious enough impression.» For many, however, it is just this multitude of strata which constitutes Berlin's charm, its many facets which form another image, according to the beholder's point of view. Thus, for Bertolt Brecht, who lived in the eastern part of the city from 1949 until his death in 1956: «Berlin is preferable

In der Ruppiner Schweiz.
Ruppin Switzerland.
En Suisse ruppine.

◻ deux États, et du château de Sans-Souci, résidence d'été des Électeurs de Brandebourg, lieu de séjour favori de Frédéric II et où Voltaire fut souvent l'invité d'honneur. Avant de succéder à son père le futur Frédéric II avait passé quelques années insouciantes dans le château de Rheinsberg, entouré de «beaux esprits». Rheinsberg, petite bourgade de 5 000 âmes, se niche au cœur de la Suisse ruppine, région vallonnée, couverte de vastes forêts de pins et constellée de lacs, pays natal de Fontane. Dans son œuvre *Pérégrinations à travers la marche de Brandebourg*, le célèbre écrivain fait l'éloge de la «région autour de Berlin» qui, demeurant dans l'ombre de la rayonnante métropole, ne put jamais jouir d'une renommée à la mesure de son charme. Pour Theodor Fontane, il en est «de la nature brandebourgeoise comme de certaines femmes. Même la plus laide possède encore sept beautés.»

Berlin, à la fois ancienne et nouvelle capitale de l'Allemagne, apparaît aujourd'hui encore comme la ville des paradoxes qui avait tant frappé Madame de Staël. Dans son livre *De l'Allemagne*, paru à Londres en 1813, elle décrit Berlin comme «une grande ville dont les rues sont très larges, parfaitement bien alignées, les maisons belles et l'ensemble régulier [...] Cette ville, étant au centre du nord de l'Allemagne, peut être considérée comme le foyer de ses lumières.» Elle s'empresse néanmoins d'ajouter: «Berlin, cette ville toute moderne, quelque belle qu'elle soit, ne fait point une impression assez sérieuse.» Selon Bertolt Brecht, qui vécut à Berlin-Est de 1949 jusqu'à sa mort en 1956, il existe «une raison pour laquelle il est possible de préférer Berlin à d'autres villes: parce qu'elle change constamment.» Et cependant,

Das Brandenburger Tor in Berlin.
The Brandenburg Gate in Berlin.
La porte de Brandebourg, à Berlin.

«Für mich ist es immer noch Deutschland, sein Schmelztiegel, seine geistige Mitte, sein altes, märkisches Herz. […] Ach, Preußens Geschichte: so viele Ansätze, Aufschwünge, Niederlagen und Siege. Und was davon, verkorkst, so hängenblieb zwischen all den Kadettenanstalten und Bürgerhäusern. Aufklärung und französischer Geist, Urbanität und eiserner Drill, Liberalität und Muffigkeit. Hier liegt alles hübsch zusammen, was einmal Deutschland war und das zweite Reich formte. Es ist vergangen. Preußen ist Geschichte, und doch: Vieles ist gegenwärtig.»

Das gilt auch für die Nachkriegsgeschichte der Stadt. Die Mauer, die Berlin 28 Jahre lang in zwei voneinander getrennte Welten teilte, ist gefallen. Aktueller denn je aber sind die Worte, die der frühere deutsche Bundeskanzler Willy Brandt nach der Öffnung der Mauer am 10. November 1989 vor dem Schöneberger Rathaus über die Zukunft Deutschlands und seiner Hauptstadt sprach: «Nichts wird wieder so, wie es einmal war. Dazu gehört, daß auch wir im Westen nicht an mehr oder weniger schönen Parolen von gestern gemessen werden, sondern an dem, was wir heute und morgen zu tun, zu leisten bereit und in der Lage sind, geistig und materiell.»

Von Berlin aus wenden wir uns wieder in den Westen Deutschlands, nach **Nordrhein-Westfalen**, ins Land großer Ebenen, zahlreicher Seen und grüner Mittelgebirgslandschaften wie dem Teutoburger Wald, dem Sauerland oder auch dem Rothaargebirge. Im Norden des Bundeslandes liegt das Münsterland mit seinen über hundert Wasserschlössern, Burgen und Herrensitzen. Die älteste, Burg Vischering

to other cities since it is constantly changing» – and yet remaining true to itself, as Horst Krüger said: «For me Berlin is still Germany, its melting-pot, its intellectual centre, its old, traditional heart. [...] Oh, Prussia's history: so many beginnings, periods of prosperity, defeats and victories. An accumulation of so many things: the training meted out in the officers' schools and bourgeois homes, enlightenment and the French spirit, urbanity and strict drill, liberality and fustiness. Here are all those things that once represented Germany and that made the Second Empire. It is past now. Prussia belongs to history, and yet much of it still reaches into the present.»

This is also true of the city's post-war history. The wall, which for 28 years divided Berlin into two worlds, has fallen. More topical than ever, however, are the words spoken by Willy Brandt, after the wall was opened on November 10, 1989: «Nothing will be the same as it was, including the fact that we in the West will not be judged by the more or less nice words of yesterday, but rather by that which we are prepared to do, what we can accomplish today and tomorrow, both materially and spiritually.»

From Berlin we turn again to the west, to **North Rhine-Westphalia**, to the land of wide plains, countless lakes and green highlands such as the Teutoburger Wald, the Sauerland and the Rothaar Mountain Range. In the north of the state lies the Münsterland with its over one hundred moated castles,

Die Gedächtniskirche in Berlin.
The Memorial Church in Berlin.
Kaiser-Wilhelm-Gedächtniskirche.

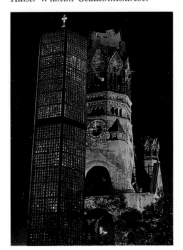

elle sait demeurer fidèle à elle-même, comme le constate Horst Krüger: «Pour moi, c'est toujours l'Allemagne, son creuset, son centre spirituel, son vieux cœur, celui de la Marche [...] Ah, l'histoire de la Prusse: tant de départs, d'élans, d'échecs et de victoires. Une accumulation de tant de choses: l'instruction dispensée dans les écoles de cadets et les maisons bourgeoises. Le rationalisme et l'esprit français, l'urbanité et un entraînement de fer, la générosité et la maussaderie. Ici se trouve rassemblé tout ce qui a représenté autrefois l'Allemagne et a formé le deuxième Empire. C'est du passé à présent. La Prusse appartient à l'histoire et pourtant tant de choses sont encore présentes.»

Le mur qui pendant vingt-huit ans scinda Berlin en deux, en «deux solitudes» aurait ajouté Rilke, est définitivement tombé. Quant au discours prononcé par Willy Brandt le 10 novembre 1989, après l'ouverture du mur, il reste actuel: «Rien ne sera jamais plus comme avant. Et cela signifie aussi qu'à l'Ouest nous ne serons pas jugés selon les discours plus ou moins prometteurs que nous aurons tenus par le passé, mais bien plutôt sur ce qu'aujourd'hui et demain, nous sommes en mesure d'entreprendre et de réaliser, aussi bien matériellement que spirituellement.»

Dirigeons-nous à présent vers l'ouest, vers le Land de **Rhénanie du Nord-Westphalie**, pays de grandes plaines émaillées de nombreux lacs, qui se prolonge au nord-est par le Sauerland et aligne à l'est les hauteurs boisées de la Teutoburger Wald et les collines du Rothaargebirge. Au nord de cette région se situe le pays de Münster où sont disséminés plus de cent châteaux à douves, manoirs et gentilhommières. La

bei Lüdinghausen, trutzig im Wasser stehend wie ein steingewordenes Charakterbild des Münsterlandes, befindet sich seit dem Jahr 1271 ununterbrochen im Besitz der Familie Droste zu Vischering. Heutzutage ein ungewöhnliches Phänomen, das vielleicht nur noch in einem «stillen Erdenwinkel» möglich ist. So nämlich nannte Annette von Droste-Hülshoff, die berühmte Münsterländer Dichterin des 19. Jahrhunderts, ihre Heimat, die sie weiter beschreibt als eine «Gegend, die so anmutig ist, wie der gänzliche Mangel an Gebirgen, Felsen und belebten Strömen dieses nur immer gestattet [...]; vielmehr mögen wenige Landschaften so voll Grün Nachtigallenschlag und Blumenflor angetroffen werden». «Vater Rhein», der deutsche Strom schlechthin, führt uns durch das Bundesland mit der größten Bevölkerungsdichte, vor allem im Ballungsraum Rhein-Ruhr. «Die ganze große Stadt, die alle Städte des Ruhrgebiets zusammen bilden,» ist, wie der sozialkritische Schriftsteller Joseph Roth das Ruhrgebiet vor dem Zweiten Weltkrieg sah, «eine unheimliche Stadt [...] durch Schienen, Drähte, Interessen verbunden und vom Rauch umwölbt, abgeschlossen von dem übrigen Land». Seitdem hat sich jedoch vieles geändert, und der als Kohle- und Industriegebiet vielgeschmähte «Ruhrpott» hat nicht nur bessere Umwelt- und Lebensbedingungen vorzuweisen, sondern gilt als eine der Kulturregionen Deutschlands.

Der «Vorgarten» des Ruhrgebiets ist das Sauerland, das «Land der tausend Berge». Der Dortmunder Dichter Max von der Grün, von 1951 bis 1964 selbst als Bergmann tätig, weiß um den Wert des Sauerlands: «Wenn die Menschen im Ruhrgebiet das Sauerland nicht hätten, nicht so sehr als Feriendomizil,

Das Wasserschloß Nordkirchen.
The moated castle of Nordkirchen.
Le château à douves de Nordkirchen.

strongholds and manor houses. The oldest of these, Burg Vischering near Lüdinghausen, standing proudly in the water like a fossilized character study of the Münsterland, has been in the hands of the Droste zu Vischering family, without interruption, since 1271. An unusual phenomenon today, which perhaps would be possible only in a «quiet corner of the earth.» This is what the famous 19th century Münsterland poet Annette von Droste-Hülshoff called her homeland, which she also describes as «a region that is as charming as only the complete lack of mountains, rocks and rushing waters can permit».

«Father Rhine», the epitome of German Rivers, leads us through the state with the largest population density, especially in the Rhine-Ruhr region. «The very big city which encompasses all the towns of the Ruhr district», is, as sociocritic writer Joseph Roth saw it before the Second World War, «an incredible city joined by rails, wires and interests, veiled in smoke and cut off from the rest of the country.» Much has changed since then, however, and the coal and industrial area not only shows improved environmental and living conditions, but also is reckoned as one of Germany's most interesting cultural regions.

Its «front garden», the weekend destination of the inhabitants of the Ruhr area, is the Sauerland, the «land of a thousand mountains.» The Dortmund workers' author, Max von der Grün, who himself worked as a miner from 1951 to 1964, tells just what the Sauerland means to him: «If the people of the

plus ancienne de ces nobles demeures est le château de Vischering, près de Lüdinghausen; sa silhouette trapue qui se mire dans l'eau semble le reflet pétrifié de la physionomie de ce pays de Münster. Propriété de la famille Droste zu Vischering depuis 1271, il est le symbole d'une continuité qui peut surprendre aujourd'hui et que peut-être seul un «petit coin de terre tranquille» peut garantir, comme aimait à décrire son pays natal la poétesse Annette von Droste-Hülshoff. Elle en parle encore comme d'une «région qui est belle, autant que peut l'être un paysage entièrement dépourvu de montagnes, de rochers et de flots tumultueux... Cette contrée, paisible au plus haut degré, n'a rien d'un aride désert; au contraire, rares sont les régions aussi verdoyantes, aussi fleuries et où retentit aussi souvent le chant du rossignol.»

Le Rhin, le fleuve allemand par excellence, traverse la Rhénanie du Nord-Westphalie, le Land qui présente la densité de population la plus élevée du pays; dans le bassin de la Ruhr, la concentration humaine est même l'une des plus fortes du monde. Avant la Seconde Guerre mondiale, l'écrivain Joseph Roth écrivait à propos de la Ruhr: «L'immense cité formée par l'ensemble des villes de la Ruhr est une métropole à la fois étrange et inquiétante... qui s'articule autour d'un réseau de rails, de câbles, une trame d'intérêts communs, et qui est enveloppée d'un nuage de fumée et coupée du reste du monde.» Cependant, beaucoup de changements sont intervenus en l'espace de cinquante ans, dans cette région industrielle et minière. Ainsi des efforts ont-ils été réalisés pour améliorer la qualité de la vie et protéger l'environnement; en outre, la Ruhr est une région d'Allemagne dont la vie culturelle est très dynamique.

Teutoburger Wald: Hermannsdenkmal.
The Hermann Memorial.
Le monument d'Arminius.

einfach so, als Ausflugsort an Wochenenden, was wäre dann? Ohne ins Schwärmen zu geraten: Die Natur erinnert mich, daß vieles, das zu tun wir gezwungen sind, nebensächlich wird angesichts dieser Harmonie, die im letzten Moment auch der Mensch nicht zerstörte, weil ihm wohl instinktiv klar geworden ist, daß er sich dann selbst zerstören würde. Ja, es gibt noch schöne Ecken in Deutschland, vielleicht unberührtere als das Sauerland, aber keine wird von so vielen Menschen so bitter benötigt.»

Nordrhein-Westfalens Hauptstadt ist das weltstädtische Düsseldorf, seine größte Stadt aber ist Köln. Mit der Rhein-Metropole «assoziiert der Nichtkölner», nach Meinung von Heinrich Böll, dem großen Sohn der Stadt, «bei kölnisch irgend etwas, das sich – in verschiedenen Mischungsgraden – aus dunkel, fromm, bürgerlich, Dom, Karneval, Rhein, Wein, Mädchen zusammensetzt. Für die Bewohner der Umgebung, die an Samstagen und Sonntagen in die Stadt strömen, hat Köln sehr unterschiedliche, sehr gegensätzliche Anziehung. Köln ist immer noch Pilgerstadt, die Pilgerziele sind für manchen verschwiegener, oft nur scheinbar gegensätzlicher Natur. Wer wird das Gleisdreieck konstruieren, an dem Frömmigkeit, Vernunft, Natur ohne jegliche Kollision auseinanderrangiert werden können?»

«Die Landschaften längs dem Rhein» sind, mit den Augen von Madame de Staël gesehen, «beinahe alle herrlich.» Der Rhein selbst erschien ihr als «Deutschlands Schutzgeist», denn «seine Gewässer sind rein, schnell, majestätisch, wie das Leben eines Helden im Altertum». Im Gegensatz zu anderen deutschen Flüssen, die sich teilen und «leicht trüben», sah die französische Dichterin den Rhein als

Blick über den Rhein auf Köln.
View of Cologne and the Rhine.
Vue sur le Rhin et la ville de Cologne.

Ruhr district did not have the Sauerland, not so much for holidays but just as a place to go on the weekend, what would happen? Without going into raptures, nature reminds me that many of the things we are compelled to do become unimportant in view of this harmony, which at the last minute even man has not destroyed, since it has become instinctively clear that in doing so he would destroy himself. Yes, there are still beautiful corners in Germany perhaps more untouched than the Sauerland, but none is so desperately needed by so many people.»

The capital of North Rhine-Westphalia is Düsseldorf, but its largest city is Cologne. For Heinrich Böll, the city's illustrious son, «those who do not live in Cologne associate» the Rhine metropolis with «a mixture – in differing degrees – of dark, pious, bourgeois, cathedral, carnival, Rhine, wine, girls. For the inhabitants of the surrounding area, who stream to the city on Saturdays and Sundays, Cologne has very varied, very opposing attractions. Cologne is still a pilgrimage city, and the pilgrimage destinations are for some very discreet, often only seemingly of opposed nature.»

«The countryside along the Rhine» appeared to Madame de Staël «almost all magnificent.» The Rhine itself appeared to her to be «Germany's Guardian Spirit,» for «its waters are pure, swift, majestic, like the life of a hero in olden days.» In contrast to other German rivers, Madame de Staël saw the Rhine as

Le «jardin» de la Ruhr est le Sauerland, baptisé «pays des mille montagnes». L'écrivain Max von der Grün, originaire de Dortmund, lui-même mineur de fond dans la Ruhr de 1951 à 1964, est conscient de l'importance que revêt cette région du Sauerland pour ses compatriotes: «Si les gens de la Ruhr n'avaient pas le Sauerland à leur porte, pas tant pour y passer les vacances que pour s'y rendre pendant le weekend, que deviendraient-ils? Certes, il existe encore de jolis coins en Allemagne, peut-être plus intacts que le Sauerland, cependant nulle autre région joue un rôle aussi vital pour une telle multitude de gens.»

La ville la plus importante de Rhénanie du Nord-Westphalie n'est pas Düsseldorf, sa capitale, mais Cologne. Sa situation privilégiée au bord du Rhin lui valut de devenir dès le Moyen Âge un grand centre commercial. Baptisée la «Rome du Nord», elle devint au cours des siècles qui suivirent l'un des fleurons de la vie intellectuelle, religieuse et artistique. Aujourd'hui, ses foires commerciales et son carnaval sont réputés dans le monde entier, et ses nombreux musées témoignent d'un rayonnement culturel intense.

Aux yeux de Madame de Staël, «les paysages dont le Rhin est entouré sont superbes presque partout; on dirait que ce fleuve est le génie tutélaire de l'Allemagne; ses flots sont purs, rapides et majestueux comme la vie d'un ancien héros.» Contrairement aux autres fleuves allemands qui «se divisent en plusieurs branches» et dont «les ondes [...] se troublent facilement [...] Le Rhin seul est presque inaltérable. Les contrées qu'il traverse paraissent tout à la fois si sérieuses et si variées, si fertiles et si solitaires, qu'on serait tenté de croire que c'est lui-même qui les a cultivées, et que les hommes d'à présent n'y sont pour rien.

«beinahe unveränderlich. Die Gegenden, durch welche er fließt, sind zugleich so ernst und so mannigfaltig, so fruchtbar und so einsam, daß man geneigt ist zu glauben, er selbst habe sie angebaut, ohne alles Zutun der heutigen Anwohner. Dieser Strom erzählt, im Vorüberfließen, die Großtaten der ehemaligen Zeit, und Hermanns Schatten scheint noch über den steilen Ufern einherzuirren.»

Deutsche Rheinromantik steht solchen Schwärmereien in nichts nach. Wer kennt es nicht: Heinrich Heines wehmütiges Gedicht über die goldblonde Nixe Loreley, die einer verführerischen Sirene gleich die Rheinschiffer ins Verderben lockte. Als schönster Abschnitt des Rheins gilt der Flußlauf im Bundesland **Rheinland-Pfalz**, wo steile Felsen und romantische Burgen, blitzblanke kleine Puppenstuben-Städtchen zu Füßen der Rebhänge und ehrwürdige, tausendjährige Dome die Ufer des Rheins weit über die Landeshauptstadt Mainz hinaus bis nach Speyer säumen. Für Heinrich von Kleist, der 1801 eine Rheinreise unternahm, war der Abschnitt zwischen Mainz und Koblenz «eine Gegend wie ein Dichtertraum, und die üppigste Phantasie kann nichts schöneres erdenken, als dieses Tal.»

Bei Koblenz erreicht auch die Mosel den Rhein, nachdem sie – vorbei an den sorgfältig gepflegten Weinterrassen im Westen des Bundeslandes – ein «schikanöses, gebirgiges Terrain durchstreift» hat, wo sie, wie Goethe weiter vermerkte, «nur im Schlangengange fortwandeln kann». Sein Zeitgenosse, der Dichter Justinus Kerner interpretierte das Mäandern des Flusses etwas prosaischer: «Was krümmt die Mosel sich so sehr? / Oh weh, sie muß zum Rhein, zum Meer / Und möcht daheim nur bleiben.»

«almost unchanging. The regions through which it flows are at the same time so severe and so varied, so fruitful and so isolated, that one could almost believe that the river had created them itself, without any assistance from the present riverains. As it flows past, this same river tells of heroic deeds from former times, and Hermann's shade still seems to roam above its steep banks.»

German Rhenish Romanticism is equal to such rapture. Who does not know Heinrich Heine's melancholy poem about the gold blond locks of the Lorelei, the seductive mermaid who lured sailors on the Rhine to their destruction. The most attractive section of the Rhine is considered to be the course of the river in the state of **Rhineland-Palatinate**, where steep cliffs and romantic castles, spick-and-span doll house towns at the foot of the wine terraces and venerable thousand-year-old cathedrals line the banks of the Rhine far past the state capital of Mainz up to Speyer. For Heinrich von Kleist, who undertook a Rhine journey in 1801, the portion between Mainz and Koblenz was «an area like a poet's dream, and even in the wildest fantasies nothing could be more beautiful than this valley.»

Koblenz is at the confluence of the Mosel and the Rhine, after the Mosel has meandered through the carefully tended wine terraces. Goethe's contemporary, Justinus Kerner, queried: «Why does the Mosel bow so low? / Alack to the Rhine, to the sea it must flow / And would lief stay at home.»

Die Weinberge von Merl an der Mosel.
The vinyards of Merl on the Mosel.
Les vignobles de Merl, sur la Moselle.

Ce fleuve raconte, en passant, les hauts faits des temps jadis, et l'ombre d'Arminius semble errer encore sur ces rivages escarpés.» Un siècle plus tard, dans son recueil de poèmes intitulé «Rhénanes», Apollinaire évoque la beauté enivrante des lieux: «Le Rhin le Rhin est ivre où les vignes se mirent / Tout l'or des nuits tombe en tremblant s'y refléter…».

Cependant, la littérature allemande de la période romantique n'a rien à envier aux envolées lyriques de Madame de Staël. Le Rhin inspira à Heinrich Heine le célèbre poème de la blonde Lorelei, irrésistible sirène dont le chant envoûtait les bateliers qui allaient s'échouer sur les rochers. Entre Mayence, capitale du Land de **Rhénanie-Palatinat**, et Coblence se situe la partie la plus attrayante de la vallée rhénane. Le Rhin se fraie un chemin au milieu d'un dédale de rochers, offrant le spectacle de ses rives abruptes, couronnées de châteaux forts romantiques et couvertes parfois de vignobles au pied desquels s'épanouissent de pittoresques petits villages, dominés par des églises et des cathédrales séculaires.

À Coblence, au lieu baptisé «Deutsches Eck», la Moselle vient se jeter dans le Rhin après avoir traversé les massifs de l'Eifel, à l'ouest, et du Hunsrück, à l'est, «région tourmentée» à travers laquelle, selon Goethe, la rivière «ne peut progresser qu'en décrivant de nombreux méandres». L'un de ses contemporains, Justinius Kerner, médecin et écrivain, interprète le tracé très sinueux de la Moselle de façon plus prosaïque: «Pourquoi la Moselle se contorsionne-t-elle ainsi ? / Hélas, il lui faut rejoindre le Rhin, gagner la mer / Elle, qui ne demande qu'à rester chez elle.»

Frankfurt am Main.
Frankfurt am Main.
Francfort-sur-le-Main.

Eine wahrhaft spektakuläre Schleife aber zieht ein südlicher Nebenfluß der Mosel: Etwa auf halber Strecke zwischen Trier und Saarbrücken gräbt die Saar einen 200 Meter tiefen «Knick» in ihre bewaldeten Uferhänge. Das **Saarland** ist – abgesehen von den Stadtstaaten – das kleinste Bundesland der Republik und war bis zur Wiedervereinigung auch ihr jüngstes. Denn erst nachdem sich seine Bürger 1955 für den Wiederanschluß an Deutschland aussprachen, entließ Frankreich die bedeutende Montanregion aus der nach dem Zweiten Weltkrieg gegründeten Wirtschafts- und Währungsunion. Die Verbindung zu Frankreich ist jedoch nie abgerissen, wie man an der saarländischen Kunst des «savoir-vivre» sieht.

Der Rhein bildet die Trennlinie zwischen Rheinland-Pfalz und Hessen. Frankfurt ist zwar nicht die Hauptstadt des Bundeslandes **Hessen** – das ist die ehemals beim europäischen Hochadel so beliebte Kurstadt Wiesbaden –, aber sein unumstrittener Mittelpunkt. Im Zweiten Weltkrieg weitgehend zerstört, wurde die Stadt, wie der Wahl-Frankfurter Horst Krüger in seinem Plädoyer für die Mainmetropole schreibt, «in den wilden fünfziger Jahren, als ein chaotischer Aufbau wucherte, noch einmal kaputt gemacht. Von der jahrhundertealten, ehrwürdigen Freien Stadt, wo einst die deutschen Kaiser gekrönt wurden, ist fast nichts mehr geblieben.» Das moderne Frankfurt mit seiner Skyline gläserner Wolkenkratzer, den imposanten Banken- und Büropalästen, ist eine europäische Finanzmetropole par excellence. Zusammen mit dem großen Einzugsgebiet ist es für Horst Krüger «einziger Marktplatz moderner Industrien, ein riesiges Wirtschaftszentrum von faszinierender Kraft».

A truly spectacular oxbow is formed by a more southerly tributary of the Mosel; at approximately the half-way mark between Trier and Saarbrücken, the Saar furrows a 650-foot deep bend in its wooded river bank slopes. Apart from the city states, **Saarland** is the smallest state in the republic and, until the reunification of Germany, its newest as well. For it was not until its citizens decided in 1955 to rejoin Germany that France permitted the important mining region to leave the economic and monetary union founded after the Second World War. But the liaison with France has never been completely broken off – as can be seen in the Saarland art of «joie de vivre».

The Rhine is the dividing line between Rhineland Palatinate and **Hesse**. Although it is Hesse's metropolis, Frankfurt is not the state capital – that position is held by the health resort of Wiesbaden, formerly so popular with the European aristocracy; it is, however, its undisputed focal point. Although virtually destroyed, the city emerged from the chaos of the Second World War to become, according to Frankfurt's inhabitant by choice Horst Krüger, «destroyed once again in the wild fifties as the chaos of reconstruction grew rampant. There is hardly anything left of the aged worthy free city where once the German emperors were crowned.» For him, the European financial metropolis, including its catchment area, is «just a market place of modern industries, a gigantic economic centre of fascinating power».

Der Junker-Hansen-Turm in Neustadt.
The Junker Hansen Tower in Neustadt.
La tour Junker-Hansen à Neustadt.

Cependant, l'un de ses affluents, la Sarre, doit faire preuve d'une opiniâtreté encore plus grande pour se faufiler à travers la roche cristalline très résistante du Hunsrück. C'est ainsi qu'aux environs de Mettlach, à mi-chemin entre Trèves et Sarrebruck, la rivière dévie son cours de deux cents mètres et s'enfonce à l'intérieur des forêts bordant son rivage, décrivant une boucle parfaite. Plus petit Land du pays (abstraction faite des États-villes de Berlin, Brême et Hambourg), la **Sarre** était également, avant la réunification des deux Allemagne, le plus jeune des États fédérés. Rattachée économiquement à la France après la Seconde Guerre mondiale, elle fut réintégrée politiquement à l'Allemagne en 1957, à la suite d'un référendum effectué auprès de la population sarroise deux ans plus tôt. Toutefois, l'empreinte laissée par la France n'a pas complètement disparu et se manifeste encore dans un certain savoir-vivre cultivé avec soin par les Sarrois.

Le Rhin forme une frontière naturelle entre le Land de Rhénanie-Palatinat et la **Hesse**. Si Wiesbaden, élégante station thermale, jadis très prisée de la noblesse, s'enorgueillit du titre de capitale hessoise, le véritable noyau de la vie culturelle et scientifique mais aussi de l'activité économique de cette région est Francfort-sur-le-Main. Horst Krüger, qui avait choisi de s'y établir, la décrit comme «une ville bruyante, industrieuse, prospère, un rien trop fébrile et vulgaire: beaucoup d'Opel Rekord, beaucoup de commerçants. Mais le sol ici a été étrangement consacré par l'Histoire. C'est ici qu'à partir de 1562 furent sacrés les empereurs allemands.»

Doch Hessen ist nicht nur Frankfurt: Da sind auch die vielen kleinen Fachwerkstädte, erholsame Hügellandschaften wie der Taunus oder der Odenwald, das mittelalterliche Limburg mit dem wohl deutschesten aller Dome, die alte Universitätsstadt Marburg oder die Bischofsstadt Fulda.

Hessens Nachbarland **Thüringen** gilt als das «grüne Herz Deutschlands», denn seine Landschaften bieten einem Naturfreund alles, was er sich nur wünschen kann: Schöne Wanderungen über den Rennsteig, atemberaubende Ausblicke von vielen Burgen aus in das Land und über das Mittelgebirge, rauschende Wasserfälle und dazu kühle Grotten. Und nach einem erlebnisreichen Tag wird sich so mancher müde Wanderer an das alte Volkslied erinnern: «Thüringer Wald, wie bist du so schön.»

Die neue Landeshauptstadt Thüringens ist Erfurt, seine größte Stadt und Jahrhunderte hindurch als bedeutendes Handelszentrum berühmt. Doch bei Thüringen denkt man vor allem auch an Orte, die mit der deutschen Kulturgeschichte verbunden sind: Weimar, das Zentrum der deutschen klassischen Literatur, die Lutherstadt Eisenach mit der Wartburg oder die alte Residenzstadt Gotha.

Unsere Reise führt uns weiter nach Osten, in den Freistaat **Sachsen**, in die Messestadt Leipzig und nach Dresden. «Es ist ein unglaublicher Schatz aller Art an diesem schöne Orte», schwärmte schon Goethe über die barocke Pracht der Stadt an der Elbe, die in einer einzigen, verheerenden Bombennacht im Februar des Jahres 1945 fast vollständig dem Erdboden gleichgemacht wurde. Trotz der unübersehbaren Narben im Stadtbild erinnern heute wieder schön restaurierte Bauten wie der Zwinger und die

Die Burg Gleichen bei Arnstadt.
Gleichen Fortress near Arnstadt.
Le château de Gleichen, à Arnstadt.

But Hesse is not just Frankfurt: there are also the old half-timbered towns and restful hilly landscapes such as the Taunus and the Odenwald, medieval Limburg with probably the most German of all cathedrals, the old university city of Marburg, and the cathedral town of Fulda near the Thuringian border.

Hesse's neighbouring state, **Thuringia**, quite rightly bears the honourary title of «Germany's green heartland», for its landscapes offer the hiker everything likely to please: lovely walks over the Rennsteig, breathtaking vistas from many castles of the countryside and highlands, rushing waterfalls and cool grottos. And after a day of adventures, tired hikers will recall the old German folksong: «Thüringer Wald, wie bist du so schön» (Thuringian Woods, how lovely thou art). Thuringia's new state capital is its largest city, Erfurt, for centuries famous as an important trading centre. And yet, when one thinks of Thuringia, one thinks first of places associated with Germany's cultural history: Weimar, centre of German classical literature, Luther's city of Eisenach with the Wartburg, and the old capital city of Gotha.

Our pictorial journey takes us further to the east, to the Free State of **Saxony**, to the trade fair city of Leipzig and to Dresden. «There is an incredible treasure trove of all kinds in this lovely place», Goethe enthused about the baroque splendour of the city on the Elbe, which was almost completely razed in one single devastating night of bombing in February, 1945. Despite the conspicuous scars on the

Cependant, la Hesse ne se limite pas à Francfort. Parmi les multiples richesses de cette région, il faut encore mentionner ses villes anciennes et le charme de leurs maisons à colombage, les paysages vallonnés et boisés du Taunus ou de l'Odenwald, la cité médiévale de Limburg – dont la cathédrale représente l'un des exemples les plus remarquables du style gothique allemand –, la vieille ville universitaire de Marburg et enfin Fulda, siège épiscopal.

Die Semperoper in Dresden.
The Semper Opera House in Dresden.
Le Semperoper, l'opéra de Dresde.

Voisine de la Hesse, la **Thuringe**, baptisée «cœur vert de l'Allemagne», apparaît en effet comme un véritable paradis pour les amateurs de randonnée: le chemin du Rennsteig qui traverse tout le massif offre, depuis les éperons couronnés de vieux châteaux, des vues saisissantes sur toute la forêt de Thuringe et permet de découvrir ses grottes et ses cascades tumultueuses. Nouvelle capitale de la Thuringe, Erfurt est également la plus grande ville de la région et, depuis le Moyen Âge, une place commerciale de premier ordre. La Thuringe abrite également de hauts lieux de la culture et de l'histoire allemandes: Weimar, considérée comme la «ville du classicisme allemand», Eisenach où étudia Luther et où se trouve la célèbre forteresse de la Wartburg, et enfin Gotha, ancienne cité résidentielle des ducs de Saxe-Gotha.

Un peu plus à l'est, dans l'État libre de la **Saxe**, nous attendent Leipzig, renommée pour ses foires, et Dresde, située au bord de l'Elbe. Lors d'un voyage qu'il fit en Saxe au début du siècle, le journaliste français Jules Huret ne manqua pas de s'extasier sur la beauté et les richesses de cette «Florence de l'Elbe». Dresde lui apparut comme une «cité riante et hospitalière [qui] attire, en effet, une importante

Semperoper an den Glanz des vielgerühmten «Elb-Florenz». Südwestlich von Dresden erstreckt sich das Elbsandsteingebirge, die Sächsische Schweiz, mit ihren pittoresken Felsformationen und bizarren Steintürmen. Gemächlich ansteigende Bergeshöhen, einsame Täler und reizvolle alte Städte findet man auch im Erzgebirge, dessen hügeliges Vorland für Heinrich von Kleist einen Anblick bot «wie ein bewegtes Meer aus Erde. Da sind nichts als Wogen, immer die eine kühner als die andere.»

Gerade die wegen ihres Dialekts oft und gern belächelten Sachsen sind heute im wirtschaftlichen Um- und Aufbau Ostdeutschlands führend und haben in der Vergangenheit zur Kultur und zum Geistesleben Deutschlands vielleicht mehr beigetragen als so manche ihrer bundesdeutschen Nachbarn. Unter ihnen findet man zahlreiche großer Dichter, Philosophen und Komponisten wie Gotthold Ephraim Lessing, Gottfried Wilhelm Leibniz, Friedrich Nietzsche, Novalis, Erich Kästner oder Richard Wagner.

Sachsen grenzt im Süden an den zweiten Freistaat der Bundesrepublik, der diesen Titel Freistaat so stolz führt, als leite sich daraus die Legitimation für einen Sonderstatus her: **Bayern** ist das größte Bundesland der Republik und – wie viele meinen, darunter auch die Bayern selbst – ihr eigenwilligstes. Weißblauer Himmel über saftig grünen Wiesen und bewaldeten Hügeln, klare Seen vor einem malerischen Alpenpanorama, Zwiebeltürme und geraniengesäumte Balkone vor schmuck herausgeputzten Bauernhäusern, heiter verspielte Barockkirchen und Märchenschlösser – das ist Oberbayern, eines von Deutschlands beliebtesten Ferienzielen und das Naherholungsgebiet der Münchner.

Dresden: August der Starke.
Dresden: Augustus the Strong.
Dresde: Auguste le Fort.

cityscape, beautifully restored buildings, such as the Zwinger and the Semper Opera House, today evoke the former glory of the «Florence of the Elbe». South-west of Dresden stretches the Elbe sandstone mountains, also known as Saxon Switzerland, with its picturesque rock formations and bizarre stone towers. Gently rising mountains, isolated valleys and charming cities can still be found in the Erz Mountain Range, whose rolling foreland reminded Heinrich von Kleist of «a moving sea of earth».

The Saxons, often teased on account of their dialect, are today leaders in the economic reconstruction of eastern Germany; they have perhaps contributed more to Germany's culture than have many other neighbouring states in the Federal Republic. Among them can be listed great poets, philosophers and composers, such as Lessing, Leibniz, Nietzsche, Novalis, Kästner and Richard Wagner.

To the south, Saxony borders Germany's second free state: **Bavaria** is the largest state in the Republic and, as many feel, including the Bavarians themselves, its most highly individual. White and blue skies over lush green meadows and wooded hills, clear lakes in front of a picturesque alpine panorama, onion-shaped towers, and prettily decorated farmhouses with geraniums on their balconies, bright, cheerful baroque churches and fairy-tale castles – that describes Upper Bavaria, one of Germany's most popular holiday destinations and the most easily accessible recreational area for the inhabitants of Munich.

population d'étrangers et de rentiers [...] les théâtres comptent parmi les premiers d'Allemagne…» Il y admira en outre «des musées, des galeries de tableaux, pleins de merveilles et des expositions d'art moderne qui rivalisent avec celles de Munich.» Presque entièrement détruite lors des bombardements de février 1945, Dresde est restée l'une des villes d'art les plus prestigieuses d'Europe. Si ses «blessures de guerre» n'ont pas entièrement disparu, quelques édifices ont cependant été restaurés, tels le Zwinger et l'Opéra, qui témoignent du prestigieux passé de la cité. Au sud-ouest de Dresde se dresse le massif gréseux de l'Elbe, connu sous le nom de «Suisse saxonne», que caractérisent d'étranges formations rocheuses. Les monts Métallifères qui forment la frontière avec la Tchécoslovaquie, offrent un paysage de forêts et de lacs, et des lieux de villégiatures pittoresques et accueillants.

La Saxe qui joue actuellement un rôle prépondérant dans la reconstruction et la restructuration de l'ancienne Allemagne de l'Est, a contribué, peut-être plus encore que les États fédérés voisins, à enrichir le patrimoine culturel de l'Allemagne. Parmi les Saxons de renom figurent de nombreux poètes, écrivains, philosophes et compositeurs tels que Lessing, Leibniz, Nietzsche, Novalis, Kästner et Wagner.

Au sud de la Saxe s'étend la **Bavière**, second État libre d'Allemagne, distinction dont les Bavarois sont fiers, comme si elle leur donnait droit à un statut particulier. La Bavière est le plus vaste Land de la République fédérale et, comme l'affirment les Bavarois eux-mêmes, celui qui manifeste le particularisme le plus marqué. Partagée en deux par le Danube, la Bavière présente dans sa partie méridionale ou

Nicht zuletzt wegen ihres schönen Hinterlands steht Bayerns Landeshauptstadt, die sich werbewirksam selbst zur «Weltstadt mit Herz» ernannt hat, im Ruf, die deutsche Stadt mit dem größten Freizeitwert zu sein. Natürlich tragen dazu auch die vielgeliebten Biergärten bei, aber mindestens genauso attraktiv ist das kulturelle Angebot. Münchens Aufstieg zur Kunststadt begann unter Ludwig I., der es mit dem großangelegten klassizistischen Ausbau (1786–1868) zu der Stadt machte, die Thomas Mann 1903 so beschrieb: «München leuchtete. Über den festlichen Plätzen und weißen Säulentempeln, den antikisierenden Monumenten und Barockkirchen, den springenden Brunnen, Palästen und Gartenanlagen der Residenz spannte sich strahlend ein Himmel von blauer Seide, und ihre breiten und lichten, umgrünten und wohlberechneten Perspektiven lagen in dem Sonnendunst eines ersten, schönen Junitages. Vogelgeschwätz und heimlicher Jubel über allen Gassen. – Und auf den Plätzen und Zeilen rollt, wallt und summt das unüberstürzte und amüsante Treiben der schönen und gemächlichen Stadt.»

Die Blüten der Münchner «Kunstszene» aber kommentiert der große deutsche Schriftsteller, der etwa 40 Jahre in der Stadt an der Isar lebte, schon damals nicht ohne Ironie: «Die Kunst blüht, die Kunst ist an der Herrschaft, die Kunst streckt ihr rosenumwundenes Zepter über die Stadt hin und lächelt. Eine allseitig respektvolle Anteilnahme an ihrem Gedeihen, eine allseitige, fleißige und hingebungsvolle Übung und Propaganda in ihrem Dienste, ein treuherziger Kultus der Linie, des Schmuckes, der Form, der Sinne, der Schönheit obwaltet. – München leuchtete.»

Die Bavaria-Statue in München.
The Bavaria statue in Munich.
La statue de la Bavaria, à Munich.

Bavaria's state capital has the reputation of being the German city with the greatest recreational opportunities, and this not only on account of its beautiful hinterland. Naturally, the very popular beer gardens add to this, but the cultural palette is just as attractive. Munich's rise as a city of art began under Ludwig I (1786–1868) who, with his large-scale classical building programm, made it the city which Thomas Mann described thus in 1903: «Munich was radiant. Above the gay squares and white columned temples, the classicistic monuments and the baroque churches, the leaping fountains, the palaces and parks of the Residence there stretched a sky of luminous blue silk. Well-arranged leafy vistas laced with sun and shade lay basking in the sunshine of a beautiful day in early June. There was a twittering of birds and a blithe holiday spirit in all the little streets. – And in the squares and past the rows of villas there swelled, rolled and hummed the leisurely, entertaining traffic of that easy-going charming town.»

But the great German author, who lived for 40 years in the city on the Isar, commented even then not without a certain irony on the flowering of Munich's «art scene»: «Art flourished, art swayed the destinies of the town, art stretched above it her rose-bound sceptre and smiled. On every hand obsequious interest was displayed in her prosperity, on every hand she was served with industry and devotion. There was a downright cult of line, decoration, form, significance, beauty. – Munich was radiant.»

Haute-Bavière, des paysages idylliques: verts alpages, collines boisées, lacs glaciaires, décor grandiose abritant des villages d'opérette aux chalets fleuris, des églises baroques et de fabuleux châteaux. La Haute-Bavière est l'une des régions les plus appréciées des vacanciers et des Munichois eux-mêmes.

Au XVIIIᵉ siècle, Montesquieu, qui avait entrepris un voyage à travers l'Europe, s'arrêta quelques jours à Munich et nota dans ses carnets de voyage: «C'est une belle ville: les rues sont larges et belles; les maisons, assez bien bâties. Elle est sur l'Isar, qui se jette dans le Danube. Le climat y est tempéré: il est plus beau dans l'automne que dans aucune saison.» La capitale de la Bavière qui se pare elle-même du titre de «métropole qui a du cœur», est considérée comme la ville allemande offrant les plus grandes possibilités de loisirs et de distractions: depuis le simple plaisir de savourer une bière dans l'un de ses multiples «Biergärten» jusqu'aux promenades à travers ses nombreux parcs, sans oublier les manifestations culturelles variées. Le fils de Thomas Mann, l'écrivain Klaus Mann, qui passa sa jeunesse dans la maison paternelle sur les rives de l'Isar, a rendu admirablemrent hommage, dans sa célèbre autobiographie *Le Tournant*, à la vie artistique munichoise.

L'essor artistique de Munich s'effectua sous l'impulsion de Louis Iᵉʳ qui enrichit le patrimoine architectural de la cité d'édifices classiques comme la Pinacothèque, la Glyptothèque, les Propylées et l'Université. Munich possède également un riche passé scientifique qu'illustre son imposant Deutsches Museum, l'un des plus importants du monde dans le domaine des sciences et des techniques.

Schloß Nymphenburg in München.
Nymphenburg Castle in Munich.
Le château de Nymphenburg, à Munich.

Doch Bayern besteht nicht nur aus Oberbayern. Im Osten, im alten Bauernland Niederbayern, erstreckt sich die herb-schöne Mittelgebirgslandschaft des Bayerischen Waldes, und nördlich der Donau beginnt der Regierungsbezirk Oberpfalz mit der alten Bischofsstadt Regensburg.

Ein gewisses Eigenleben führen Bayerns «Nordlichter», die Franken, die nicht nur ausgezeichneten Wein und Naturparadiese wie das Altmühltal oder die Fränkische Schweiz zu bieten haben, sondern auch einzigartige architektonische Schätze, viele davon entlang der Romantischen Straße. Sie beginnt in der alten Residenzstadt Würzburg und den sanften Weinhängen Mainfrankens und führt über die mittelalterlichen Reichsstädte Rothenburg ob der Tauber und Dinkelsbühl nach Süden bis zu den Allgäuer Alpen, wo sich der bayerische Märchenkönig Ludwig II. in der zweiten Hälfte des 19. Jahrhunderts auf einem Felsen bei Füssen sein wohl berümtestes – und von Touristen aus der ganzen Welt meistbesuchtes – Traumschloß Neuschwanstein errichten ließ. Ganz in der Nähe und ebenfalls an der Romantischen Straße liegt die Wieskirche, das Hauptwerk des deutschen Rokokos. «Tanzsaal Gottes» hat man diese Wallfahrtskirche ihrer heiter verspielten Leichtigkeit wegen genannt, deren Schöpfer der Architekt Dominikus Zimmermann und sein Bruder, der Maler Johann Baptist Zimmermann waren.

Im Westen Bayerns oder genauer gesagt: Westlich von München liegt das Land der bayerischen Schwaben, die mit ihren Verwandten im benachbarten Bundesland Baden-Württemberg nicht nur den Dialekt gemeinsam haben, sondern auch ihren realitätsnahen Hang zur Existenzsicherung.

Im Chiemgau.
In Chiemgau.
Dans le Chiemgau.

But Bavaria is not only Upper Bavaria. In the east, in the old agricultural region of Lower Bavaria, stretches the austerely beautiful central chain of mountains of the Bayerischer Wald, and north of the Danube is the beginning of the Upper Palatinate district with its ancient episcopal see of Regensburg.

Bavaria's northernmost inhabitants, the Franks, live an undoubted life of their own. They offer not only excellent wine and nature paradises such as the Altmühltal and the Frankish Switzerland, but unique architectural treasures as well, many of them along the Romantic Road. The road begins in the old Residence city of Würzburg and the gentle wine hills of Mainfranken and runs through the medieval cities of Rothenburg ob der Tauber and Dinkelsbühl towards the south to the Allgäu Alps. Here in the second half of the 19th century on a cliff near Füssen the Bavarian «prince charming» Ludwig II built his famous dream castle of Neuschwanstein. Not far off, and also on the Romantic Road lies the Church in the Meadow, a masterpiece of German rococo.

In the western part of Bavaria or, to be more precise, west of Munich, lies the district of the Bavarian Swabians, who have more than just their dialect in common with their relatives in the neighbouring state of Baden-Württemberg. One thinks of the proverbial Swabian industry and the realistic tendency to ensure their livelihood.

Aux confins est de la Bavière, dans la région traditionnellement agricole de la Basse-Bavière, s'étend la Forêt bavaroise (Bayerischer Wald), paysage d'une beauté farouche. Au nord du Danube commence le Haut-Palatinat dont la capitale est Ratisbonne, cité épiscopale.

Le nord de la Bavière est occupé par la région de Franconie, renommée pour ses vins et ses sites pittoresques. Elle est bordée au sud-est par le massif du Jura franconien qui abrite l'Altmühltal, un des plus grands parcs naturels d'Allemagne. La Franconie possède également de nombreux trésors architecturaux que permet de découvrir la Route romantique. Celle-ci part de Würzburg, ancienne ville impériale, et de la vallée du Main, couverte de vignobles, et mène vers les vieilles cités médiévales de Rothenburg et Dinkelsbühl, puis descend vers le sud pour gagner les Alpes de l'Allgäu, lieu de pèlerinage de millions de touristes qui viennent s'émerveiller devant le château de Neuschwanstein, construit vers 1870 près de Füssen, à l'instigation de Louis II de Bavière. Non loin de là, sur la Route romantique, se dresse l'église de Wies, chef-d'œuvre de l'art rococo allemand, réalisée par l'architecte Dominikus Zimmermann.

A l'ouest de Munich s'étend une région de cultures et d'élevage, appelée cercle de Souabe (capitale: Augsbourg) dont le dialecte et les traditions rappellent fortement ceux du Land de Bade-Wurtemberg voisin. Cette similitude s'explique par un passé commun puisque cet ancien duché fut très longtemps peuplé par les Souabes dont certains traits de caractère (bon sens «normand» et goût de l'économie) se retrouvent aujourd'hui chez les habitants de cette région.

Baden-Württembergs Landeshauptstadt Stuttgart beschrieb wohl keiner treffender als Thaddäus Troll in seinem 1969 erschienenen Buch *Stuttgart, Stuttgart*: «Bei dem Wort Stuttgart empfinde ich Zuneigung und Skepsis, Herzlichkeit und Reserve für und gegen diese eher liebenswerte als liebenswürdige, eher rechtschaffene als kurzweilige, eher isolierende als gesellige, eher lebendige als lebhafte Stadt.» Für Troll ist der Motor der schwäbischen Metropole: «Das Neue, welches das Alte zu überwinden trachtet, und das Alte, das sich schwäbisch zäh dem Neuen entgegenstellt: Dieser Widerspruch erhält die wohlhabendste Stadt Deutschlands, in der der Mensch schafft und das Geld arbeiten läßt, so lebendig.»

Stuttgart liegt in einem von Wäldern, Weinhängen und Obstgärten umrahmten Tal, das sich zum Neckar hin öffnet. Eingebettet in die liebliche Flußlandschaft des Neckartals nordwestlich von Stuttgart liegt Heidelberg, die Stadt mit der berühmtesten Schloßruine der Welt, einer der ältesten Universitäten Deutschlands und dem unzerstörbaren Flair deutscher Romantik. Der amerikanische Schriftsteller Mark Twain reiste mit dem 1878 auf einem Floß dorthin. Nach dieser Floßfahrt auf dem Neckar geriet selbst er, der die Erlebnisse seiner Europareise mitunter eher ironisch darstellte, ins Schwärmen: «Deutschland im Sommer ist die Vollendung des Schönen, aber niemand, der nicht auf einem Floß den Neckar hinuntergefahren ist, hat die äußersten Möglichkeiten dieser sanften und friedlichen Schönheit wirklich begriffen und ausgekostet. Die Bewegung eines Floßes ist genau die richtige [...] und das Dasein wird ein Traum, ein Zauber, ein tiefes und stilles Entzücken.»

Baden-Württemberg's capital, Stuttgart, has probably never been better known and described than by the German author Thaddäus Troll in his book *Stuttgart, Stuttgart*, published in 1969: «I feel both affection and scepticism when I hear the word Stuttgart, heartiness and reserve for and against this rather more lovely than lovable, more isolating than companionable, more living than lively city.» For Troll, the moving force of the Swabian metropolis is: «The New, which attempts to overcome the Old, and the Old, like a Swabian, in opposition to the New: this contradiction is what makes Germany's wealthiest city, in which man creates, and lets money work, so lively.»

Stuttgart lies in a valley surrounded by woods, vineyards and fruit orchards. Nestled in the gentle river landscape of the Neckar northwest of Stuttgart lies Heidelberg, the city with the most famous castle ruins in the world, one of the oldest universities in Germany and the indestructible flair of German romanticism. Even Mark Twain, who portrayed his adventures during his European journey in a rather ironic tone, fell thus to enthusing after a raft trip on the Neckar in 1878: «Germany in the Summer is the perfection of the beautiful, but nobody has understood and realized and enjoyed the utmost possibilities of this soft and peaceful beauty unless he has voyaged down the Neckar on a raft. The motion of the raft is the needful motion [...] and existence becomes a dream, a charm, a deep and tranquil ecstasy.»

Schloß Favorite in Rastatt.
Castle Favorite in Rastatt.
Rastatt: le château de la Favorite.

Capitale du Bade-Wurtemberg, Stuttgart s'est développée au cœur d'une vallée entourée de forêts, de vignobles et de vergers, qui s'ouvre sur le Neckar. Dans son ouvrage paru en 1969 *Stuttgart, Stuttgart*, l'écrivain Thaddäus Troll a su parfaitement exprimer les sentiments controversés que la cité suscite en lui: «Lorsque j'entends le mot Stuttgart, j'éprouve un mélange d'attirance et de scepticisme, de sympathie et de retenue envers et contre cette ville qui semble plus digne d'être aimée qu'aimable, plus laborieuse que divertissante, plus propice à l'isolement qu'à la vie en société, plus vivante qu'animée.»

Nichée dans la vallée du Neckar, Heidelberg, une des plus anciennes universités d'Allemagne, au charme romantique toujours présent, fut pendant des siècles la résidence des Électeurs palatins. Depuis son célèbre château de grès rouge qui contraste avec les forêts environnantes se déploie un splendide panorama sur la cité, la vallée du Neckar et la plaine du Rhin. Montesquieu, qui visita la citadelle, y vit le fameux Grand tonneau, énorme foudre (d'une capacité de 220 000 litres environ) muni d'une pompe qui permettait de tirer du vin à partir de la salle royale: «J'ai été au Château voir la fameuse tonne. Effectivement, c'est une belle pièce», s'exclame le grand homme qui ajoute« [...] on juge dans les communautés que le foudre est la portion d'un moine toute l'année. Ainsi ce foudre peut suffire pour 204 moines.» Pour la petite histoire, il faut préciser qu'un nain bouffon appelée Perko était préposé à la garde du tonneau, et qu'il est resté bien vivant dans la mémoire des habitants à cause de son incroyable capacité d'absorption.

Die Donau in der Schwäbischen Alb.
The Danube in the Swabian Alps.
Le Danube dans le Jura souabe.

Die Perle des oberen Neckartals ist die Universitätsstadt Tübingen, Wohn- und Studienort großer deutscher Dichter wie Friedrich Hölderlin, Eduard Mörike und Hermann Hesse oder der Philosophen Hegel und Schelling. Sozusagen vor den Toren Tübingens erstreckt sich der Schwarzwald, dessen dichtbewaldete Hänge und hübschen Kurorte ihn zu einer Ferienregion par excellence machen. Die eindrucksvollsten Szenerien findet man im südlichen Schwarzwald, der mancherorts ein fast alpines Bild zeigt. An klaren Tagen bietet sich von den höchsten Gipfeln, dem Feldberg und dem Belchen, ein herrlicher Blick auf die Alpenkette im Süden.

Von den Schwarzwaldhöhen geht es hinunter in die herrliche Landschaft rund um das «Schwäbische Meer», das sich seine drei Anrainerstaaten Österreich, Deutschland und die Schweiz teilen. Mit seinem milden Klima und der üppigen Vegetation ist der Bodensee die Region Deutschlands, die bereits an südliche Gefilde denken läßt und wo – gleichsam allen politischen Voraussetzungen zum Trotz – immer die friedvolle Amosphäre herrschte, wie sie Horst Wolfram Geissler in seinem 1921 erschienenen Roman *Der Liebe Augustin* beschrieb: «Der lächelndste [...] Himmelsspiegel war dort, wo ein halbes Dutzend Länder aneinandergrenzten. Man sollte meinen, ein solcher Winkel sei gefährlich und ein rechtes Wetterloch für Streitigkeit und Krieg. Aber es war schon gesorgt, daß der Friede erhalten blieb, denn eben diesen Grenzwinkel hatte der liebe Gott sozusagen mit seinem nassen Finger betupft [...] damit er sich nicht erhitzen könnte – und nun lag da ein wundervolles Wasser, der Bodensee.»

The jewel of the upper Neckar valley is the university city of Tübingen, where great German poets such as Friedrich Hölderlin, Eduard Mörike and Hermann Hesse, as well as the philosophers Hegel and Schelling, resided and studied. Tübingen's gates extends the Black Forest, a holiday region par excellence of densely wooded slopes and attractive spas. The most impressive scenery can be found in the southern part of the Black Forest, in some places evoking an almost alpine image. On clear days there is a splendid view of the Alpine range to the south from the highest peaks, Feldberg and Belchen.

From the peaks of the Black Forest we descend into the splendid region around the «Schwäbisches Meer» (Swabian Sea), where a mild climate and luxuriant vegetation call to mind southern climes, and where – all political considerations aside – a peaceful atmosphere always reigned, as described by the German author Horst Wolfram Geissler in his book *Der Liebe Augustin* (Good Old Augustin), published in the year 1921: «The smiling reflection of heaven found where half a dozen countries bordered one another. One would think that such a corner would be dangerous and a real breeding ground for battles and wars. But care was taken that peace should reign, for this corner in particular had been created by God, he had, so to speak, laid his wet finger upon it [...], so that it would not overheat – and now this lovely body of water, Lake Constance, lay sprawled there.»

Schloß Meersburg am Bodensee.
Meersburg Castle on Lake Constance.
Le château de Meersburg.

Autre joyau de la vallée du Neckar, Tübingen doit sa renommée à son université qui accueillit des écrivains aussi illustres que Friedrich Hölderlin, Eduard Mörike, Hermann Hesse et de grands philosophes tels Hegel et Schelling ainsi que l'astronome Kepler. À l'ouest de Tübingen s'étend, avec ses paysages densement boisés, la Forêt-Noire, région touristique par excellence, dont le climat a permis le développement de nombreux lieux de cure. Plus au sud, la Haute Forêt-Noire, de caractère alpestre, offre les paysages les plus impressionnants; depuis le Feldberg, point culminant de cette région (1 493 mètres), le randonneur peut jouir d'un vaste panorama sur les Alpes.

Après avoir quitté ces contrées au relief tourmenté, le visiteur se retrouve dans le superbe cadre de la «mer souabe», que se partagent l'Autriche, l'Allemagne et la Suisse. Il perçoit alors le lac de Constance comme un véritable hâvre de paix: la douceur du climat, la végétation quasi tropicale qui y foisonne à certains endroits et ses trois grandes îles Mainau, Lindau et Reichenau, ont valu à cette région d'être considérée par les Allemands comme leur «Riviera».

Au lecteur ou au voyageur qui s'apprête à découvrir l'Allemagne, il reste à souhaiter que tous les paysages, les villes et les villages traversés le mènent aussi vers les hommes qui peuplent ce pays. Il serait en effet dommage que la séduction immédiate de ses sites le dispense d'une rencontre plus patiente avec sa culture. Il lui faudra pour cela sans doute revenir en Allemagne, tant il est vrai, comme le note Madame de Staël, que «ce n'est qu'à la longue qu'on découvre ce qui peut attacher à ce séjour».

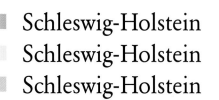

Schleswig-Holstein
Schleswig-Holstein
Schleswig-Holstein

DÄNEMARK

Åbenrå

Fynshav

Tønder

Sønderborg   Augustenborg

Westerland

Süderlügum

Weesby

ÆRØ

SYLT

Niebüll

Glücksburg

Flensburger Förde

Schafflund

Leck

Flensburg

FÖHR

Dagebüll

Goldelund

Wanderup

Angeln

Wyk

Sörup

Kappeln

AMRUM

Wittdün

Bredstedt

Böklund

Süder-
brarup

Kieler
Bucht

LANGENESS

HALLIG HOOGE

Haselund

Schlei

Fehmarnbelt

NORDFRIESISCHE INSELN

Ootoroiol

Norder-
hafen

Silberstedt

Schwansen

Puttgarden

PELLWORM

Schleswig

Eckernförder
Bucht

FEHMARN

NORD-
STRAND

Husum

Mildstedt

Hollingstedt

Naturpark
Hüttener
Berge

Eckernförde

Kieler
Förde

Schönberg

Heiligenhafen

Burg

Fehmarnsund

SÜDEROOG-SAND

Wittensee

Hohwachter
Bucht

Großenbrode

Friedrichstadt

Büdelsdorf

Kronshagen

Kiel

Selenter
See

Lütjenburg

Oldenburg
in Holstein

Eiderstedt

Tönning

St. Peter-Ording

Hennstedt

Rendsburg

Westensee
Naturpark
Westen-
see

Preetz

Naturpark

Lensahn

Helgoland

Elder

Tellingstedt

Plön

Malente

Schön-
walde

Cismar

Nationalpark

Wesselburen

Heide

Eutin

Grömitz

Schleswig-

Bordesholm

Großer
Plöner See

Neustadt
in Holstein

Holsteinisches

Büsum

Meldorf

Naturpark
Aukrug

Ruhwinkel

Holsteinische

Lübecker
Bucht

Wattenmeer

TRISCHEN

Albers-
dorf

Schenefeld

Neu-
münster

Schweiz

Haffkrug

Dithmarschen

Wasbek

Timmendorfer Strand

Deutsche
Bucht

Friedrichskoog

Burg

Kelling-
husen

Wahlstedt

Bad Segeberg

Bad
Schwartau

Ahrensbök

Travemünde

Kaiser-
Wilhelm-
Koog

Marne

Wilster

Itzehoe

Bad
Bramstedt

Stockelsdorf

Lübeck

Duhnen

Cuxhaven

Brunsbüttel

Bokel

Kalten-
kirchen

Borstel

Reinfeld

Grevesmühle

Otterndorf

Krempe

Barmstedt

Bad Oldesloe

Glückstadt

Henstedt-
Ulzburg

Elmshorn

Ratzeburg

Gadebusch

Quickborn

Oste

Elbe

Uetersen

Ahrensburg

Elbe-
Lübeck-
Kanal

Mölln

Sterley

Stade

Pinneberg

Wedel

Hamburg

Reinbek

Schwarzenbek

Wittenburg

NIEDERSACHSEN

Altes
Land

Geesthacht

MECKLENBURG-
VORPOMMERN

Bremervörde

Buxtehude

Lauenburg

Boizenburg

Oste

Elbe

Buch-
holz

Zeven

Lüneburg

0   20 km

N

Nord-Ostsee-
Kanal

Schleswig-Holstein, das Land zwischen Nord- und Ostsee, hat eine Fläche von 15 731 Quadratkilometern und rund 2,7 Millionen Einwohner. Im Norden des Bundeslandes, das bis zur Mitte des 19. Jahrhunderts meist zum Königreich Dänemark gehörte, lebt heute noch eine dänische Minderheit, deren etwa 60 000 Mitglieder im Landtag der Hauptstadt Kiel einen eigenen Abgeordneten haben.

Wie ein breiter Damm liegt Schleswig-Holstein zwischen den beiden Meeren, die seit 1895 durch die meistbefahrene Wasserstraße der Welt, den fast 100 Kilometer langen Nord-Ostsee-Kanal zwischen Brunsbüttel und Kiel, miteinander verbunden sind. Das Leben vom und mit dem Meer, mit seinen Gezeiten und Stürmen, hat das Gesicht dieses Landes überall geprägt: Sei es an der Westküste mit ihren flachen, grasgrünen Marschen und dem vorgelagerten Wattenmeer, auf den Nordfriesischen Inseln wie Amrum, Föhr oder Sylt, auf der roten Felseninsel Helgoland oder an der Ostseeküste mit ihren breiten Sandstränden und den «Förden». Dort, wo diese tief ins Land einschneidenden Meeresarme und Buchten den Schiffen einen sicheren Hafen bieten, entstanden auch Schleswig-Holsteins große Städte: Flensburg, Schleswig, Kiel und Lübeck, die «Königin der Hanse».

Malerisch ist das Hinterland der Städte, die Holsteinische Schweiz. Eingebettet in das bunte Landschaftsmosaik aus bewaldeten Hügeln und Seen liegen zahlreiche alte Herrensitze und Gutshöfe, wo alljährlich beim «Schleswig-Holstein Musikfestival» Konzerte stattfinden. Internationales Publikum trifft man auch bei den Segelregatten der «Kieler Woche» und dem Surf-Weltcup vor Westerland auf Sylt.

Schleswig-Holstein, the state between the North Sea and the Baltic Sea, has a surface area of 6,145 square miles and a population of approximately 2.7 million inhabitants. In the north of the state, which until the mid-19th century for the most time belonged to Denmark, there still lives a Danish minority, whose 60,000 members have their own parliamentary representatives in the capital city of Kiel.

Like a wide dam, Schleswig-Holstein lies between the two seas, which have been joined together since 1895 by the most travelled waterway in the world, the almost 63-mile-long Kiel Canal between Kiel and Brunsbüttel. Living by and with the sea, with its tides and storms, has left its mark over all this state: whether it is on the west coast with its grass-green marshes and the offshore shallows, on the North Frisian islands such as Amrum, Föhr and Sylt, on Helgoland, or on the Baltic Sea coast with its sandy beaches and «Förden» (firths). Here, where sea arms and bays offer a safe harbour, is where Schleswig-Holstein's large cities were created: Flensburg, Schleswig, Kiel and Lübeck, the Queen of the Hansa. The cities' hinterland is picturesque; this is the Holstein Switzerland. Dotted throughout the colourful landscape mosaic of wooded hills and lakes lie numerous manor houses and estates, where annual musical concerts are held during the «Schleswig-Holstein Musikfestival». An international crowd can be found at the sailing regattas during the «Kieler Woche» and the world surfing cup off Westerland on Sylt.

Situé entre la mer du Nord et la Baltique, le Schleswig-Holstein couvre une superficie de 15 731 kilomètres carrés et est peuplé d'environ 2,7 millions d'habitants. Jusqu'au milieu du XIXᵉ siècle, la quasi-totalité de ce territoire faisait partie du royaume de Danemark. Aujourd'hui encore, une minorité danoise vit dans le nord du Land et est représentée par un député au parlement de Kiel.

Le Schleswig-Holstein est comme une large digue entre deux mers – une digue traversée depuis 1895 par le canal de la mer du Nord à la Baltique, la voie maritime la plus fréquentée au monde. Le visage de ce Land a été entièrement façonné par la mer, les marées et les tempêtes. La côte ouest se caractérise par des prairies verdoyantes, de vastes étendues découvertes à marée basse (la mer des Wadden), les îles les plus septentrionales de l'archipel frison (dont Amrum, Föhr et Sylt), ainsi que par les falaises rouges de l'île d'Helgoland. La côte orientale présente de longues plages de sable et de nombreux «Förden», des avancées de la mer loin à l'intérieur des terres. C'est au fond de ces «fjords» et dans les golfes, que les villes principales se sont développées: Flensburg, Schleswig, Kiel et Lübeck, la «reine de la Hanse».

L'arrière-pays de ces villes (Suisse du Holstein) est très pittoresque: de nombreux manoirs et anciens domaines seigneuriaux y sont comme enchâssés dans un paysage multicolore de lacs et de collines boisées. C'est là que tous les ans est organisé le Festival de musique du Schleswig-Holstein. Le public international assiste également aux régates de Kiel et au championnat du monde de planche à voile qui se déroule à Westerland, sur l'île de Sylt.

Oben und unten:
Am Kaiser-Wilhelm-
Koog. Ein Koog ist
dem Meer abgewon-
nenes Marschland.

Top and bottom: The
Emperor Wilhelm
Koog. A koog is
marshland re-
claimed from the sea.

En haut et en bas:
le Kaiser-Wilhelm-
Koog. Un koog est
une terre gagnée
sur la mer.

Vorangehende Dop-
pelseite: Das Marsch-
land der Elbe ist ein
idealer Standort für
Windmühlen.

Previous double page:
The Elbe marshland
is a perfect location
for windmills.

Double page précé-
dente: moulin à vent
dans les terres allu-
viales des bords
de l'Elbe.

40

Die Marienkirche in
Lübeck ist eines der
wichtigsten Werke der
Backsteingotik. 1942
zerstört, wurde sie bis
1959 wiedererrichtet.

Lübeck's Church of
Our Lady is one of the
most important brick
Gothic works.
Destroyed in 1942, it
was rebuilt in 1959.

L'église Notre-Dame
de Lübeck, une des
œuvres majeures
du «gothique en
briques», fut détruite
en 1942 et recons-
truite en 1959.

Vorangehende Dop-
pelseite: Nahe beim
Dom der Stadt
Schleswig liegt die
alte Fischersiedlung
«Auf dem Holm».

Previous double page:
The old fisherman's
settlement «Auf dem
Holm» is located near
the cathedral in the
city of Schleswig.

Double page précé-
dente: le vieux village
de pêcheurs «Auf dem
Holm», se trouve près
de la cathédrale de
Schleswig.

Die Holsteinische Schweiz bietet dem Besucher unzählige Seen. Der Vierer See gehört zu den kleineren, aber besonders reizvollen Seen.

The Holstein Switzerland offers its visitors numerous lakes. The Vierer See, one of the smaller lakes, is especially charming.

Le Vierer See, l'un des plus petits mais également des plus charmants plans d'eau que compte la «Suisse du Holstein».

48

49

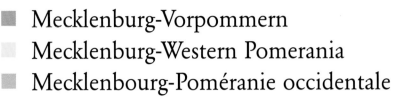

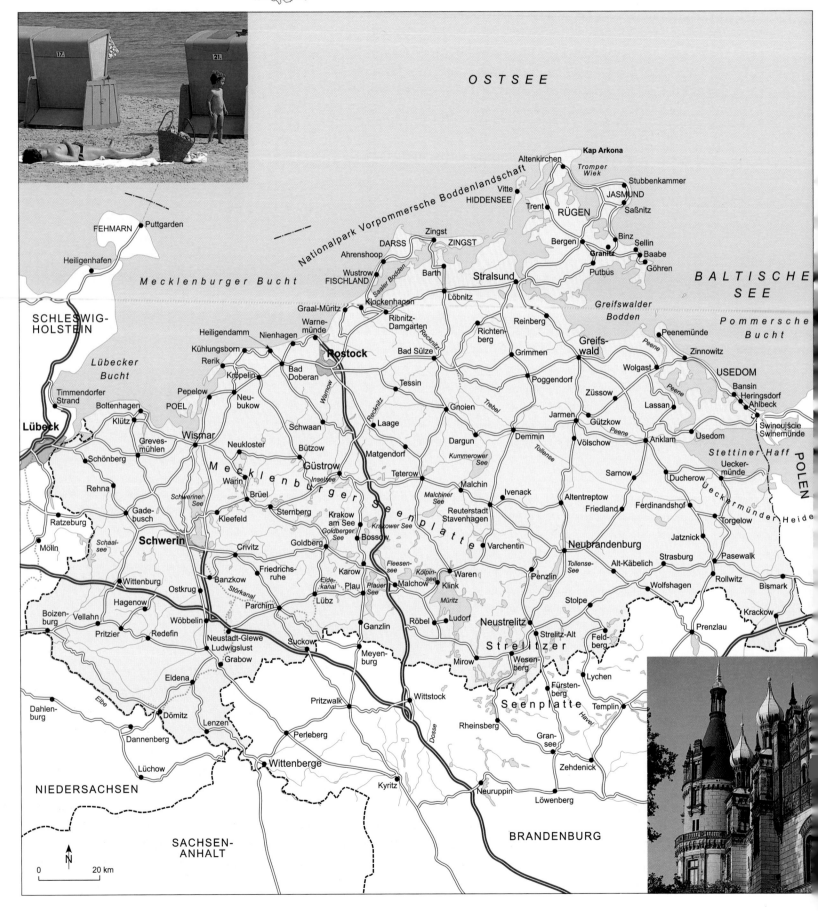

■ Mecklenburg-Vorpommern, das Bundesland im äußersten Nordosten Deutschlands, bedeckt eine Fläche von 23 840 Quadratkilometern und ist mit knapp zwei Millionen Einwohnern nur dünn besiedelt. Malerisch liegt die Landeshauptstadt Schwerin inmitten einer Seenlandschaft, in der sich auf einer kleinen Insel das märchenhaft anmutende Schloß der ehemaligen Herzogsresidenz erhebt. Von bürgerlichem Stolz zeugen die alten Hansestädte an der Ostseeküste, wo auch der wirtschaftliche Schwerpunkt des ansonsten überwiegend agrarisch geprägten Bundeslandes liegt. Wismar, Stralsund und vor allem Rostock, die größte Hafenstadt der ehemaligen Deutschen Demokratischen Republik, sind auch heute die Zentren von Industrie und Handel. Schöne Bürgerhäuser und monumentale gotische Backsteinkirchen findet man in allen drei Städten, aber auch das Binnenland hat architektonische Schätze zu bieten.

Mecklenburg-Vorpommern ist seit den Kindertagen des Tourismus eine beliebte Ferienregion. So ist seine Ostseeküste mit den vorgelagerten Inseln und Halbinseln schon seit 1793, als Deutschlands erstes Seebad Heiligendamm gegründet wurde, en vogue. Zur «Weißen Stadt am Meer» gesellten sich im Lauf der Zeit viele weitere stilvolle Badeorte, darunter an der Festlandsküste Kühlungsborn oder Nienhagen, auf Usedom das elegante Heringsdorf und Ahlbeck mit seiner berühmten Seebrücke oder Binz auf Deutschlands größter Insel Rügen. Ein Paradies für (Süß-)Wasserratten ist die Mecklenburger Seenplatte zwischen Schwerin und Neustrelitz: Eine von der Eiszeit geformte sanftwellige Hügellandschaft mit über 650 kleinen und großen Seen, zahllosen Wasserläufen und ausgedehnten Wäldern.

■ Mecklenburg-Western Pomerania, Germany's most north-easterly state, covers an area of 9,312 square miles and with its scarcely two million inhabitants is sparsely populated. The state capital of Schwerin lies in a picturesque water-scape in which, on a little island, rises the fabled castle of the former ducal residence. The old Hanseatic towns on the Baltic Sea coast bear witness to bourgeois pride: Wismar, Stralsund and especially Rostock, the largest port of the former German Democratic Republic, are still today the centres of industry and trade. Attractive town houses and monumental Gothic brick churches can be found in all three cities, but the interior also offers architectural treasures.

Mecklenburg-Western Pomerania has been a popular holiday region since tourism's early days. The Baltic Sea coast with its offshore islands and peninsulas was already en vogue in 1793, when Germany's first sea bath Heiligendamm was established. Over the course of time, many other peaceful bathing resorts have joined the «White City on the Sea», among them on the mainland coast Kühlungsborn and Nienhagen, on Usedom the elegant Heringsdorf and Ahlbeck, with its famous bridge, and Binz on Germany's largest island Rügen. A paradise for (fresh) water fans is the Mecklenburger Seenplatte between Schwerin and Neustrelitz: a gently rolling landscape, formed in the ice age, of hills and lakes, over 650 large and small lakes, numerous watercourses and vast woods.

■ Situé à l'extrême nord-est de l'Allemagne, le Land de Mecklembourg-Poméranie occidentale couvre une superficie de 23 840 kilomètres carrés, et n'est que faiblement peuplé: à peine deux millions d'habitants. Schwerin, la capitale, se trouve dans un paysage lacustre très pittoresque. L'ancien château des ducs, qui semble sorti d'un conte de fées, y a été construit sur une petite île. Les villes du bord de la Baltique, qui faisaient autrefois partie de la Hanse, témoignent d'une certaine fierté bourgeoise. C'est là que se concentre l'activité économique du Land, au demeurant principalement agricole: Wismar, Stralsund et surtout Rostock, le plus grand port de l'ex-RDA, sont d'importants centres industriels et commerciaux. Ces villes comptent de nombreuses et belles demeures bourgeoises, de remarquables monuments du «gothique en briques», mais l'arrière-pays possède aussi des trésors d'architecture.

Depuis que le tourisme existe, les vacanciers ont toujours apprécié la région. La côte de la Baltique, ses îles et presqu'îles, sont en effet en vogue depuis 1793, date de la fondation à Heiligendamm de la première station balnéaire allemande. D'autres stations de bains sont apparues depuis: Kühlungsborn et Nienhagen sur le continent, Heringsdorf et Ahlbeck sur l'île d'Usedom, ainsi que Binz, station balnéaire de Rügen, la plus grande des îles allemandes. Quant au plateau de Mecklembourg, s'étirant entre Schwerin et Neustrelitz, c'est un véritable paradis pour ceux qui préfèrent l'eau douce: formé à l'époque glaciaire, ce paysage de douces collines abrite en effet plus de six cent cinquante lacs de taille variable; il est parcouru par de nombreux cours d'eau et couvert de grandes forêts.

In Rostock: Die früh-gotische Nikolaikirche überragt das Hafen-viertel (oben). Die Bürgerhäuser an der Kröpeliner Straße stammen fast alle aus dem 18. Jahrhundert (unten).

In Rostock: The early Gothic Nikolai Church looms over the harbour front (top). The attractive town houses on Kröpeliner Street are almost all from the 18th century (bottom).

Vues de Rostock: l'église gothique St Nicolas do-mine le quartier du port (en haut); la plupart des maisons bourgeoises de la Kröpeliner Strasse datent du XVIIIe siècle (en bas).

Vorangehende Doppelseite: Der male-rische Badeort Ahrenshoop auf dem Landstreifen Fischland war früher eine Künstlerkolonie.

Previous double page: The picturesque bathing resort of Ahrenshoop, for-merly popular as an artists' colony.

Double page précé-dente: la pittoresque station balnéaire d'Ahrenshoop, sur l'isthme de Fischland était jadis un séjour apprécié des artistes.

Die wuchtige Backsteinkirche St. Marien beherrscht den Marktplatz von Güstrow, der 1226 gegründeten Stadt am Inselsee.

The massive brick church of St. Mary dominates the market square in Güstrow, the city founded in 1226 on the Inselsee.

L'église Sainte-Marie de Güstrow, ville fondée en 1226 sur les bords de l'Inselsee. Cet édifice domine de sa masse imposante la place du Marché.

Folgende Doppelseite: Blick auf Apsis und Kreuzaltar im gotischen Dom der Landeshauptstadt Schwerin.

Following double page: View of the apse and altar in the Gothic cathedral of the state capital of Schwerin.

Double page suivante: la nef et l'autel de la cathédrale de Schwerin, construite dans le style gothique et achevée en 1420.

Im Neustrelitzer Seengebiet reihen sich etwa 40 Seen aneinander, die fast alle durch Kanäle verbunden sind: Ein Paradies für Naturfreunde, Paddler und Kanuten.

In the lake area of Neustrelitz, some 40 lakes follow one another, almost all of them joined by canals: a paradise for nature lovers, oarsmen and canoers.

Quelque quarante lac s'étendent aux environs de Neustrelitz. Cette région est un paradis pour les amis de la nature ainsi que pour les amateurs d'aviron et de canoë.

Oben und unten:
Badespaß am Inselsee
bei Güstrow. Der
Inselsee gehört zu den
kleineren der rund
650 Seen Mecklen-
burg-Vorpommerns.

Top and bottom:
Bathing fun on the
Inselsee near
Güstrow. The Inselsee
is one of the smaller of
Mecklenburg-Western
Pomerania's approx-
imately 650 lakes.

En haut et en bas:
l'Inselsee, près de
Güstrow, est l'un des
plus petits parmi
les quelque 650 lacs de
du Land de Mecklem-
bourg-Poméranie
occidentale.

Folgende Doppelseite:
Vom Rathaus aus
hat man einen herrli-
chen Blick über die
historische Altstadt
von Stralsund.

Following double
page: From the Town
Hall there is a splen-
did view over the
historical old town of
Stralsund.

Double page sui-
vante: depuis l'hôtel
de ville de Stralsund,
on découvre un pano-
rama superbe sur la
vieille ville.

Die Insel Hiddensee vor Rügen gehört zum Naturschutzpark «Vorpommersche Boddenlandschaft», wo noch seltene Vogelarten brüten.

The island of Hiddensee off Rügen belongs to the »Vorpommersche Boddenlandschaft» nature conservation park where rare types of birds still brood.

L'île d'Hiddensee, près de Rügen, fait partie du parc naturel de Poméranie occidentale. C'est un refuge pour plusieurs espèces d'oiseaux menacées.

Vorangehende Doppelseite: Der Königsstuhl (117 m) ist die höchste Erhebung und ein Wahrzeichen der Insel Rügen.

Previous double page: The 380-foot-high Königsstuhl, emblem of the island of Rügen is the island's highest elevation.

Double page précédente: la falaise de Königsstuhl (117 mètres) est à la fois le point culminant et l'emblème de l'île de Rügen.

Der Fährhafen Saß-
nitz (oben) und das
im klassizistischen
Stil des 19. Jahrhun-
derts erbaute Putbus
(unten) liegen im
Osten von Rügen.

The ferry harbour of
Sassnitz (top) and the
city of Putbus, built
in the classical style
of the 19th century
(bottom), are located
in the eastern part of
the island of Rügen.

Deux localités à l'est
de Rügen: Sassnitz
(en haut), avec son
port pour transbor-
deurs et Putbus
(en bas), résidence
princière construite
au XIXᵉ siècle.

Folgende Doppelseite:
Elegante Villen zeu-
gen von der Tradition
des Badeortes Bansin
auf der Insel Usedom.

Following double
page: Elegant villas
bear witness to
Bansin's tradition as
a bathing resort on the
island of Usedom.

Double page sui-
vante: les élégantes
villas et pensions de
Bansin, sur l'île
d'Usedom, datent de
la Belle Époque.

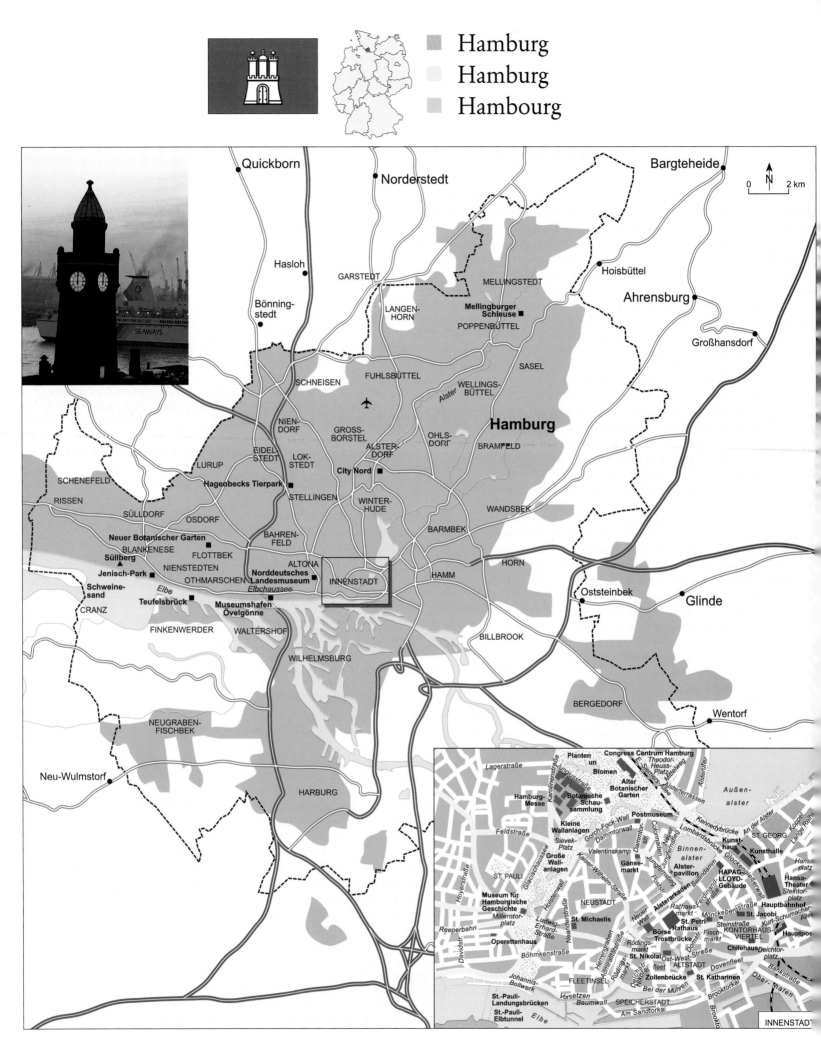

Quickborn

Norderstedt

Bargteheide

0   2 km

Hasloh

GARSTEDT

MELLINGSTEDT

Hoisbüttel

Ahrensburg

Bönning-
stedt

LANGEN-
HORN

Mellingburger
Schleuse

POPPENBÜTTEL

Großhansdorf

SCHNEISEN

FUHLSBÜTTEL

SASEL

Alster

WELLINGS-
BÜTTEL

NIEN-
DORF

GROSS-
BORSTEL

Hamburg

EIDEL-
STEDT

LOK-
STEDT

ALSTER-
DORF

OHLS-
DORF

BRAMFELD

LURUP

City Nord

Hagenbecks Tierpark

STELLINGEN

WINTER-
HUDE

WANDSBEK

SCHENEFELD

OSDORF

BARMBEK

RISSEN

SÜLLDORF

BAHREN-
FELD

Neuer Botanischer Garten

HORN

BLANKENESE

FLOTTBEK

Süllberg

NIENSTEDTEN

ALTONA

Jenisch-Park

OTHMARSCHEN

Norddeutsches
Landesmuseum

INNENSTADT

HAMM

Schweine-
sand

Elbe

Elbchaussee

Oststeinbek

Glinde

Teufelsbrück

Museumshafen
Övelgönne

CRANZ

FINKENWERDER

WALTERSHOF

BILLBROOK

WILHELMSBURG

NEUGRABEN-
FISCHBEK

BERGEDORF

Wentorf

Neu-Wulmstorf

HARBURG

Lagerstraße

Planten
un
Blomen

Congress Centrum Hamburg

Theodor-
Heuss-
Platz

Hamburg-
Messe

Karolinenstraße

Jungiusstraße

Botanische
Schau-
sammlung

Alter
Botanischer
Garten

Mittelweg

Alsterterrassen

Außen-
alster

Feldstraße

Kleine
Wallanlagen

Gorch-Fock-Wall

Postmuseum

Colonnaden

Dammtorwall

Dammtorstr.

Neuer Jungfernstieg

Kennedybrücke

An der Alster

Kennedybrücke

Lombardsbrücke

ST. GEORG

Lange Reihe

Sievek-
Platz

Große
Wall-
anlagen

Valentinskamp

Kaiser-Wilhelm-Straße

Binnen-
alster

Alster-
pavillon

Jungfernstieg

Glockengießerwall

Kunst-
haus

Kunsthalle

Hansa-
platz

Glacischaussee

Holstenwall

ST. PAULI

Hoyerstraße

Museum für
Hamburgische
Geschichte

Ludwig-
Erhard-
Straße

Millerntor-
platz

Gänse-
markt

Poststr.

Alsterarkaden

Ferdinand-
straße

Mönckebergstraße

Neuer
Wall

Rathaus-
markt

Steinstraße

HAPAG-
LLOYD-
Gebäude

Ballindamm

St. Jacobi

Hansa-
Theater

Steintorplatz

Hauptbahnhof

Kurt-Schumacher-Allee

Reeperbahn

NEUSTADT

Neanderstraße

St. Michaelis

St. Petri

Börse

Rathaus

Fisch-
markt

KONTORHAUS
VIERTEL

Hauptpost

Davidstr.

Operettenhaus

Böhmkenstraße

Herrengraben

Admiralitätsstraße

Rödings-
markt

Trostbrücke

St. Nikolai

Nikolai-
fleet

Rödingsmarkt

Ost-West-Straße

ALTSTADT

Chilehaus

Deichtor-
platz

Bankstraße

Johannis-
Bollwerk

Zollenbrücke

St. Katharinen

Dovenfleet

Ober-
hafen

Bei der Mühren

Deichstr.

FLEETINSEL

St.-Pauli-
Landungsbrücken

Vorsetzen

Baumwall

SPEICHERSTADT

Am Sandtorkai

Brooktorkai

St.-Pauli-
Elbtunnel

Elbe

INNENSTADT

■ Hamburg hat eine Fläche von 755 Quadratkilometern – die beiden Nordseeinselchen Neuwerk und Scharhörn eingeschlossen – und ist mit seinen rund 1,7 Millionen Einwohnern die zweitgrößte Stadt der Republik. Die Freie und Hansestadt, wie sich der Stadtstaat nennt, liegt an der Elbe, 110 Kilometer vor der Mündung des Flusses in die Nordsee. Der Hafen, der 1989 seinen 800sten Geburtstag feierte, ist Deutschlands bedeutendster Seehafen und wird – wie Hamburger Wirtschaftsexperten prognostizieren – bald wieder sein wichtigstes Tor zur Welt und die Außenhandelsdrehscheibe Europas sein.

Hamburg ist jedoch schon lange nicht mehr nur Hafen- und Handelsstadt. Industrie- und Medienkonzerne, Banken und Versicherungen haben ihren Hauptsitz in der Elbmetropole, die sich seit den sechziger Jahren auch in Forschung und Technik international profilieren konnte. Physiker aus aller Welt pilgern zu DESY, dem Zentrum der deutschen Hochenergieforschung, und die Luft- und Raumfahrttechnik ist in Hamburg unter anderem durch eine Airbus-Werft vertreten.

Zu alledem läßt es sich angenehm leben im «grünen» Hamburg: Mehr als ein Drittel des Stadtstaates sind Wiesen, Äcker und Waldland. Und mitten in der Stadt kann man auf der Außenalster segeln oder in einer großzügigen Parklandschaft spazierengehen. Das Bild der City ist zwar vielerorten modern, doch erinnern zahlreiche Bauten an die Blütezeiten der reichen Kaufmannsstadt: Seien es die typischen Hamburger Kontorhäuser mit ihren Backsteinfassaden, die Speicherstadt am Hafen mit 330 000 Quadratmetern Lagerfläche oder die eleganten Villen an Elbchaussee und Alster.

■ Hamburg has a surface area of 295 square miles– including the two North Sea islands of Neuwerk and Scharhörn – and, with its 1.7 million inhabitants, is the second largest city in the Republic. The Free and Hanseatic City, as the city state is called, is situated on the Elbe, 69 miles above the river's North Sea estuary. The port, which celebrated its 800th birthday in 1989, is Germany's most important seaport. For a long time, however, Hamburg has been more than just a trading city. Industry and media conglomerates, banks and insurance companies have their headquarters in the metropolis on the Elbe, which since the 1960's has also made its mark internationally in the domains of research and technology. Physicists from all over the world pilgrim to DESY, Germany's high energy research centre; the space and aeronautical technologies are represented in Hamburg by, among others, an Airbus plant.

In addition to this, the living is easy in «green» Hamburg: one third of the city state is comprised of meadows, cultivated fields and woodlands. There is sailing in the city's centre on the Aussenalster, and strolling in a spacious parkland. The city's image is modern in many areas, yet numerous buildings evoke the heyday of the wealthy merchants' city: the typical Hamburg banking houses with their brick facades, the warehouse area at the port with a storage area of 3,484,800 square feet and the elegant villas on the Elbchausee and the Alster.

■ Hambourg couvre une superficie de 755 kilomètres carrés – y compris les îles de Neuwerk et Scharhörn en mer du Nord – et se place, avec environ 1,7 million d'habitants, au second rang des villes de République fédérale. La «ville libre hanséatique de Hambourg» est située sur l'Elbe, à 110 kilomètres avant l'embouchure du fleuve, dans la mer du Nord. Son port, qui a fêté en 1989 son 800ᵉ anniversaire, est le plus important d'Allemagne; les économistes prévoient même qu'il deviendra bientôt la principale porte de la RFA ouvrant sur le monde, et qu'il sera la plaque tournante du commerce extérieur européen.

Mais il y a longtemps qu'Hambourg n'est plus uniquement un port et une ville commerciale: de grands trusts industriels et médiatiques, ainsi que des banques et des compagnies d'assurance, y ont désormais établi leur siège social. Dans les années soixante, Hambourg est en outre devenue une technopole d'envergure internationale, grâce notamment à l'institut DESY– centre allemand de recherche sur les hautes énergies – et à diverses entreprises aéronautiques et astronautiques, dont Airbus Industries.

La vie est bien agréable à Hambourg, si riche en espaces verts: plus d'un tiers de la superficie de cette ville-État est en effet occupé par des prairies, des champs et des bois. À l'intérieur même dc la ville, il est possible de se promener dans de vastes parcs et de faire de la voile sur le lac d'Aussenalster. Le centre-ville se compose certes d'immeubles en majorité modernes, mais le visiteur y trouvera encore de nombreux édifices rappelant l'âge d'or du Hambourg des riches marchands, parmi lesquels les vieux entrepôts du port ou encore les élégantes villas s'étirant le long de l'Alster et de l'Elbchaussée.

Das zwischen 1886 und 1897 im Neo-renaissancestil erbaute Rathaus ist Sitz des Stadtparlaments.

The Town Hall, built between 1886 and 1897 in the neo-classical style, is the seat of the city government.

L'hôtel de ville de Hambourg, construit entre 1886 et 1897, abrite le parlement du Land.

Vorangehende Doppelseite: Blick vom Fernsehturm auf Hamburgs großen Binnensee, die Außenalster.

Previous double page View of Hamburg's great inland lake, the Aussenalster, from the TV tower.

Double page précédente: l'Aussenalster vu de la tour de la télévision de Hambourg.

Der 1906 eingeweihte Hauptbahnhof wurde 1988 durch eine postmoderne Glas- und Stahlkonstruktion erweitert.

Hamburg's main train station, inaugurated in 1906, was extended in 1988 by a post-modern glass and steel construction.

La gare centrale de Hambourg, inaugurée en 1906. La construction postmoderne s'élevant devant le hall d'entrée date de 1988.

Hamburg hat über 2000 Brücken und damit mehr als Venedig. Hier die Neue Elbbrücke.

Hamburg has over 2,000 bridges: more than has Venice. Here, the new Elbe Bridge.

Le nouveau pont sur l'Elbe. Il y a plus de 2 000 ponts à Hambourg, soit plus qu'à Venise.

Persische Teppiche werden in ein Haus der Speicherstadt gehievt, die als größter zusammenhängender Lagerhauskomplex der Welt gilt.

Persian rugs are lifted into a building in the warehouse area, considered the largest connected warehouse complex in the world.

Ces tapis persans von être stockés dans les immenses entrepôts de Hambourg, datant du XIXe siècle et considérés comme les plus grands du monde.

Vorangehende Doppelseite: Barkassen und Schlepper an der Überseebrücke unwer der St.-Pauli-Landungsbrücken.

Previous double page Launches and tugs moored at the Überseebrücke near the St. Pauli pier.

Double page précédente: canots et remo queurs amarrés à l'Überseebrücke dan: le port de Hambourg non loin de St Pauli.

«Ball paradox»: Tanz mit Damenwahl ist seit Jahrzehnten die große Attraktion im Café Keese auf der Reeperbahn.

«Ball paradox»: dance with ladies' choice has for years been a great attraction in Cafe Keese on the Reeperbahn.

Le café Keese sur le Reeperbahn organise le «Ball paradox», où ce sont les dames qui invitent les messieurs à danser.

Folgende Doppelseite: Die originalgetreu restaurierten Barockfassaden der Peterstraße zeigen, wie Hamburg im 18. Jahrhundert aussah.

Following double page: The baroque facades of Peter Street, restored true to the original, show how Hamburg looked in the 18th century.

Double page suivante: les façades baroques restaurées de la Peterstrasse évoquent l'aspect qu'avait la ville de Hambourg au XVIIIᵉ siècle.

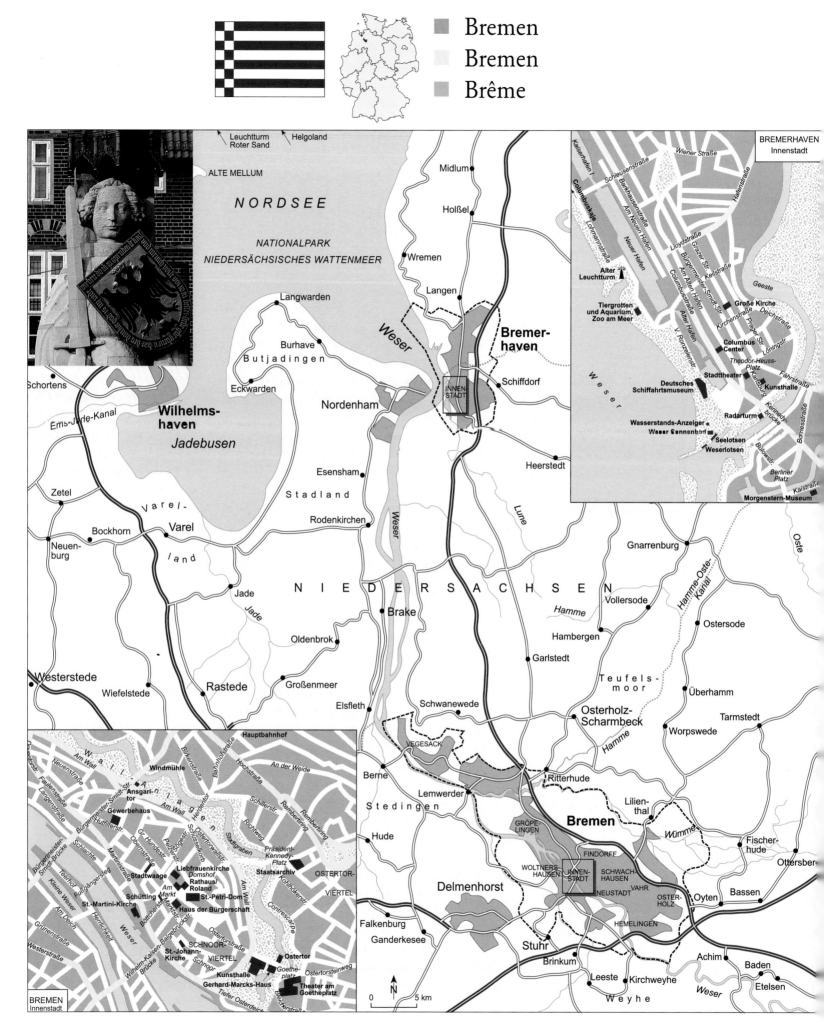

Leuchtturm
Roter Sand

Helgoland

ALTE MELLUM

NORDSEE

NATIONALPARK
NIEDERSÄCHSISCHES WATTENMEER

Midlum

Holßel

Wremen

Langen

**Bremer-
haven**

Weser

INNEN-
STADT

Schiffdorf

Langwarden

B u t j a d i n g e n

Burhave

Eckwarden

Nordenham

Heerstedt

Schortens

**Wilhelms-
haven**

Jadebusen

Ems-Jade-Kanal

Zetel

Esensham

S t a d l a n d

Lune

Neuen-
burg

Bockhorn

Rodenkirchen

Weser

Gnarrenburg

Oste

Varel-

Varel

l a n d

Jade

Jade

N I E D E R S A C H S E N

Hamme

Vollersode

Hamme-Oste-
Kanal

Ostersode

Brake

Hambergen

Großenmeer

Garlstedt

T e u f e l s -
m o o r

Überhamm

Westerstede

Wiefelstede

Rastede

Oldenbrok

Elsfleth

Schwanewede

Osterholz-
Scharmbeck

Worpswede

Tarmstedt

VEGESACK

Hamme

Berne

Lemwerder

Ritterhude

Lilien-
thal

Hude

S t e d i n g e n

GRÖPE-
LINGEN

Bremen

Wümme

Fischer-
hude

Ottersberg

FINDORFF

WOLTNERS-
HAUSEN

INNEN-
STADT

SCHWACH-
HAUSEN

VAHR

Delmenhorst

NEUSTADT

OSTER-
HOLZ

Oyten

Bassen

Falkenburg

HEMELINGEN

Achim

Baden

Ganderkesee

Stuhr

Brinkum

Leeste

Kirchweyhe

W e y h e

Weser

Etelsen

0   5 km

N

BREMERHAVEN
Innenstadt

Kaiserhafen I

Wiener Straße

Columbuskaje

Schleusenstraße

Barkhausenstraße

Hafenstraße

Lohmannstraße

Am Neuen Hafen

Neuer Hafen

Lloydstraße

Grazer Str.

Keilstraße

Bürgermeister-Smidt-Str.

Geeste

**Alter
Leuchtturm**

Columbusstraße

Am Alten Hafen

Große Kirche

**Tiergrotten
und Aquarium,
Zoo am Meer**

Alter Hafen

Kirchenstraße

Prager Str.

Deichstraße

Weser

V. Ronzelenstr.

Theodor-Heuss-
Platz

**Columbus
Center**

Löningstr.

Mauerstr.

Stadttheater

Kunsthalle

**Deutsches
Schiffahrtsmuseum**

Fährstraße

Kennedy-
Brücke

Radarturm

Wasserstands-Anzeiger

Weser Sonnenbad

Seelotsen

Berliner
Platz

Bürowstr.

Weserlotsen

Kaistraße

Morgenstern-Museum

Bornestraße

BREMEN
Innenstadt

Hauptbahnhof

W a l l a n l a g e n

Am Wall

Deventerstr.

Neuenstraße

Faulenstraße

Langenstr.

Birkenstraße

Bahnhofstraße

Hochstraße

An der Weide

Windmühle

Bürgermeister-Smidt-Str.

Hutfilterstr.

Herdentor

Schillerstr.

Rembertiring

Rembertistr.

**Ansgari-
tor**

Gewerbehaus

Obernstraße

Gr. Hundestr.

Pelzerstr.

Schüsselkorb

Richtweg

Stadtgraben

Präsident-
Kennedy-
Platz

Bürgermeister-
Smidt-Brücke

Schlachte

Martinistraße

Stadtwaage

Liebfrauenkirche

Domshof

Ostertorwallstr.

Staatsarchiv

Kleine Weser

Fußgängersteg

Teerhof

Schütting

**Rathaus/
Roland**

*Am
Markt*

St-Petri-Dom

Kohlhökerstr.

OSTERTOR-
VIERTEL

Herrlichkeit

St.-Martini-Kirche

Böttcherstr.

Haus der Bürgerschaft

Contrescarpe

Am Deich

Grünenstraße

Osterstraße

Balgebrückstr.

SCHNOOR-

Osterforstraße

Westerstraße

Wilhelm-Kaisen-
Brücke

**St.-Johann-
Kirche**

Schnoor

VIERTEL

Ostertor

Ostertorsteinweg

Tiefer Osterdeich

Kunsthalle

*Goethe-
platz*

**Theater am
Goetheplatz**

Gerhard-Marcks-Haus

Bleicherstr.

Am Unterlauf der Weser, mitten im nördlichen Niedersachsen, liegt die Freie Hansestadt Bremen, Deutschlands zweitgrößter Seehafen. Zusammen mit dem knapp 60 Kilometer entfernten Bremerhaven bildet es das kleinste Bundesland, auf dessen Fläche von 404 Quadratkilometern rund 650 000 Menschen leben, davon allein in Bremen über eine halbe Million. Arbeitsplätze bieten ihnen unter anderem die bedeutende Automobil- und Luftfahrtindustrie sowie die Häfen, Schiffahrt und Seehandel.

Die Nähe des offenen Meeres und die Weser, deren langer Mündungstrichter den Schiffen sichere Ankerplätze bot, haben Bremens Geschichte seit jeher bestimmt. Von den glanzvollen Tagen als Bischofs- und Hansestadt zeugt noch heute der Marktplatz mit dem romanisch-gotischen Dom und dem gotischen Rathaus mit der prunkvollen Fassade im Stil der Weserrenaissance. Vor dem Rathaus ragt seit 1404 die fast zehn Meter hohe Steinfigur des Roland auf, ein Symbol bürgerlichen Selbstbewußtseins. Als Inbegriff Bremer Kultur gilt auch die Böttcherstraße, ehedem eine alte Handwerkergasse, die in den zwanziger Jahren zur schön restaurierten Museumszeile umgestaltet wurde. Kleinbürgerlichen Charme strahlt das gemütliche Schnoorviertel mit seinen Bauten aus dem 16. bis 19. Jahrhundert aus, während die englisch anmutenden Vorstadthäuser gediegene hanseatische Tradition verraten.

Bremerhaven ist eine junge Stadt. 1827 als Vorhafen Bremens angelegt, entwickelte es sich bald zum größten deutschen Auswandererhafen. Von der Columbuskaje legen zwar immer noch Passagierschiffe ab, doch liegt Bremerhavens Bedeutung heute im riesigen Container-Terminal und der Fischereiflotte.

In the centre of northern Lower Saxony lies the Free Hanseatic City of Bremen, Germany's second largest seaport. With Bremerhaven, it forms the smallest state, on the 158- square-mile surface of which live around 650,000 people, of whom half a million in Bremen alone. The important automotive and aeronautic industries are the main employers, as are the harbours, shipping and maritime commerce.

The proximity to the sea and the presence of the Weser, whose long estuary funnel provides safe anchorage for ships, have always determined Bremen's history. Its glorious days as bishop's see and Hanseatic city are evoked by the market square and its Romanesque-Gothic cathedral as well as the Gothic Town Hall with its resplendent Weser Renaissance facade. Since 1404, an almost 133-foot-high figure of Roland has towered in front of the Town Hall, a symbol of bourgeois self-assurance. Böttcherstraße is a former artisans' street that has been transformed into a museum area following careful restoration work in the 1920's. The Schnoor district radiates petty bourgeois charm, with its 16th to 19th century buildings, whereas the English-style suburban houses reveal the solid Hanseatic tradition.

Bremerhaven is a young city. Established in 1827 as Bremen's outer port, it soon developed into Germany's largest emigration harbour. Although passenger ships still dock at the Columbus Quay, Bremerhaven's importance today stems from the container terminal and the fishing fleet.

La «ville libre hanséatique» de Brême, le second port maritime d'Allemagne, est située sur le cours inférieur de la Weser, dans le nord de la Basse-Saxe. Avec Bremerhaven, distant de soixante kilomètres environ, Brême constitue le Land le plus petit de République fédérale, puisqu'il ne couvre que 404 kilomètres carrés. Le Land compte quelque 650 000 habitants, dont plus d'un demi-million dans la ville de Brême. Les Brêmois sont pour la plupart employés dans l'industrie automobile et aéronautique, dans les activités portuaires, dans la navigation et dans la marine marchande.

L'histoire de Brême a de tout temps été déterminée par la mer et la Weser, dont le long estuaire offrait un mouillage sûr aux bateaux. La place du Marché, dominée par la cathédrale romane et gothique ainsi que par l'hôtel de ville Renaissance, témoigne encore de la gloire de Brême lorsqu'elle était ville épiscopale et hanséatique. Devant l'hôtel de ville s'élève depuis 1404 une statue en pierre de Roland haute d'une dizaine de mètres, symbolisant la force de la bourgeoisie locale. La Böttcherstrasse, une ruelle où s'alignaient autrefois des échoppes d'artisans et qui fut transformée en musée dans les années vingt, est un autre haut lieu de la culture à Brême. Il émane par ailleurs un charme bourgeois du quartier de Schnoor, construit entre le XVIe et le XIXe siècle, alors que les pavillons de banlieue, à l'allure un peu anglaise, sont ancrés dans une tradition hanséatique de bon aloi. Bremerhaven est une ville jeune. Fondée en 1827 pour servir d'avant-port à Brême, elle devint bientôt le plus important des ports d'émigration allemands. C'est désormais un port de pêche, ainsi qu'un gigantesque port de conteneurs.

Jeden Samstag findet
an der Weser ein
Flohmarkt statt
(oben). Zur Stär-
kung gibt es dort
eine «Matjes-Stulle»,
Brot mit jungem
Heringsfilet (unten).

A flea market is held
every Saturday on
the Weser (top). For
restauration, there
is «Matjes Stulle»,
bread with young
herring fillets
(bottom).

Un marché aux puces
se tient tous les same-
dis sur les bords de la
Weser (en haut). On
peut y déguster une
«Matjes Stulle», petit
pain garni d'un filet
de hareng (en bas).

Vorangehende Dop-
pelseite: Das Rathaus
in Bremen mit der
steinernen Skulptur
des Roland
(links im Bild).

Previus double page:
Bremens Town Hall
with the stone
sculpture of Roland
(left in the picture).

Double page précé-
dente: l'hôtel de ville
de Brême et la statue
en pierre de Roland (à
gauche sur la photo).

Der Kaufmann Ludwig Roselius war der Besitzer dieses Hauses in der Böttcherstraße, die er in den zwanziger Jahren von namhaften Architekten restaurieren und neu gestalten ließ. Das Roselius-Haus, heute ein Museum, stammt aus dem Jahr 1588.

The merchant Ludwig Roselius was the owner of this house in Böttcher Street. In the 1920's, Roselius had this street restored and redesigned by renowned architects. The Roselius House, today a museum, dates from 1588.

Cette maison de la Böttcherstrasse construite en 1588, appartenait autrefois au marchand Ludwig Roselius. Restaurée et réaménagée dans les années vingt par des architectes célèbres, elle abrite aujourd'hui un musée.

In der Böttcherstraße:
Das Paula-Moder-
sohn-Becker-Haus
(links) zeigt Werke
der Worpsweder
Malerin. Rechts die
Bremer Spielbank.

In Böttcher Street:
The Paula Moder-
sohn Becker House
(left) displays works
by the Worpswede
artist. The Bremen
casino on the right.

Vue de la Böttcher-
strasse: à gauche,
la maison Paula-
Modersohn-Becker,
où sont exposés des
tableaux de cette
artiste qui vécut à
Worpswede; à droite,
le casino de Brême.

Folgende Doppelseite:
In den Vorstädten
Bremens findet man
schön renovierte
Bürgerhäuser aus
dem 19. Jahrhundert.

Following double
page: Attractively
restored 19th century
town houses can
be found in
Bremen's suburb.

Double page sui-
vante: façades réno-
vées de maison bour-
geoises construites au
XIXᵉ siècle dans les
faubourgs de Brême.

94

Was früher Hafen-
arbeiter mühsam
auf ihren Schultern
transportierten,
erledigen in den
Häfen von Bremen
und Bremerhaven
heute moderne Kräne.

What longshoremen
formerly transported
laborlously upon their
shoulders is now car-
ried by modern cranes
in Bremen and Bre-
merhaven habours.

Les lourdes charges
que les dockers
de Brême et
Bremerhaven
devaient autrefois
transporter sur leur
dos sont aujourd'hui
hissées par des grues.

95

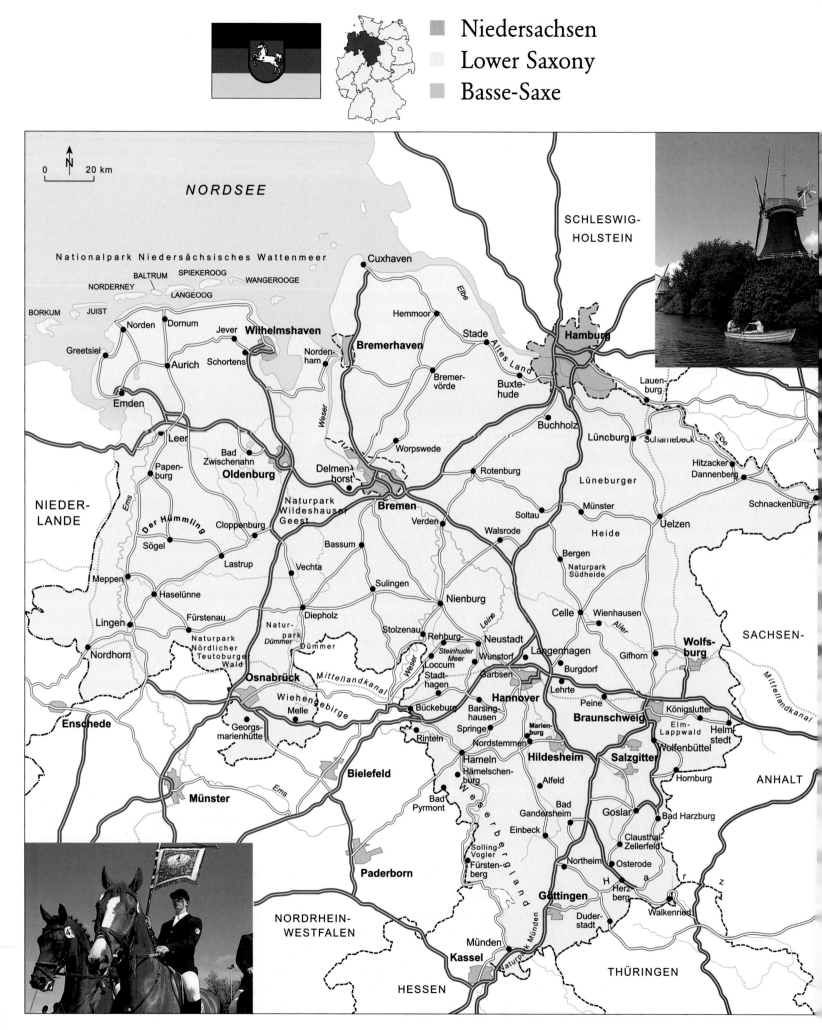

Niedersachsen
Lower Saxony
Basse-Saxe

0   20 km

N

NORDSEE

Nationalpark Niedersächsisches Wattenmeer

SCHLESWIG-HOLSTEIN

BALTRUM   SPIEKEROOG   WANGEROOGE
NORDERNEY
LANGEOOG
BORKUM   JUIST

Cuxhaven

Norden   Dornum
Jever   Wilhelmshaven
Greetsiel
Aurich   Schortens   Nordenham
Emden

Hemmoor
Stade
Bremerhaven
Bremervörde   Buxtehude

Hamburg

Lauenburg
Buchholz
Lüncburg   Scharnebeck
Hitzacker
Dannenberg
Schnackenburg

Leer
Bad Zwischenahn
Papenburg   Oldenburg
Delmenhorst
Worpswede

Rotenburg
Lüneburger
Soltau
Münster
Uelzen

NIEDER-LANDE

Der Hümmling
Cloppenburg
Sögel
Lastrup
Vechta

Naturpark Wildeshauser Geest
Bremen
Verden
Walsrode
Heide
Bergen
Naturpark Südheide

Meppen
Haselünne
Fürstenau

Bassum

Sulingen

Nienburg

Celle   Wienhausen
Aller

SACHSEN-

Lingen
Diepholz
Naturpark Dümmer
Stolzenau
Rehburg-
Steinhuder Meer
Neustadt
Wunstorf
Langenhagen
Gifhorn
Wolfsburg

Nordhorn
Naturpark Nördlicher Teutoburger Wald
Dümmer
Loccum
Stadthagen
Garbsen
Burgdorf

Osnabrück
Mittellandkanal
Bückeburg
Hannover
Lehrte
Peine
Königslutter
Mittellandkanal

Wiehengebirge
Melle
Barsinghausen
Marienburg
Braunschweig
Elm-Lappwald
Helmstedt

Enschede
Georgsmarienhütte
Springe
Nordstemmen
Hildesheim
Salzgitter
Wolfenbüttel

Rinteln
Hameln
Salzgitter
Hornburg
ANHALT

Bielefeld
Hämelschenburg
Alfeld

Bad Pyrmont
Bad Gandersheim
Goslar
Bad Harzburg

Münster
Einbeck
Clausthal-Zellerfeld

Paderborn
Solling-Vogler
Fürstenberg
Northeim
Osterode
H   a   r   z

Göttingen
Herzberg
Walkenried

Duderstadt

NORDRHEIN-WESTFALEN
Münden
Naturpark Münden
Kassel
THÜRINGEN

HESSEN

98

Niedersachsen ist mit einer Fläche von 47343 Quadratkilometern das zweitgrößte Land der Bundesrepublik und sicherlich eines seiner vielgestaltigsten: Von den Dünen der Ostfriesischen Inseln zu den fruchtbaren Marschen der Nordseeküste und der Flußauen von Ems, Weser und Leine, von den flachen Heide- und Moorgebieten im Binnenland bis zu den waldreichen Höhen des Harz.

Abgesehen von Deutschlands größtem Erdölhafen Wilhelmshaven und der einstigen Herzogresidenz Oldenburg konzentrieren sich Industrie und Wirtschaft vorwiegend im Osten des Bundeslandes: In der Landeshauptstadt Hannover, wo alljährlich die größte Industriemesse der Welt stattfindet – und bald auch die EXPO 2000; in der Automobilstadt Wolfsburg, in Braunschweig und im Schwerindustriegebiet von Salzgitter. Eine zentrale Verkehrsader dieser Region ist der Mittellandkanal zwischen Elbe und Ems, der auch die alte Bischofs- und Hansestadt Osnabrück wirtschaftlich anbindet.

Weite Teile des mit rund 7,5 Millionen relativ dünn besiedelten Bundeslandes sind Agrarflächen. Daneben hat Niedersachsen jedoch auch ursprüngliche Landschaften zu bieten, wie die Naturparks Lüneburger Heide und Niedersächsisches Wattenmeer. Ein reizvolles Ferienziel ist das romantische Weserbergland zwischen Münden und Minden, wo man auch schöne Beispiele der Weserrenaissance findet. Für Liebhaber mittelalterlicher Architektur sind die Dome von Hildesheim, Braunschweig und Königslutter oder die malerische Altstadt von Göttingen ein Muß. Ein Meilenstein in der Geschichte der modernen Kunst war hingegen die 1889 gegründete Künstlerkolonie von Worpswede bei Bremen.

Lower Saxony, with its surface area of 18,500 square miles, is the second largest German state, and certainly it is one of the most varied: from the East Frisian Islands dunes to the marshes of the North Sea coast, and the fertile river plains of the Ems, Weser and Leine, from the flat heather and moor area to the wooded heights of the Harz Mountains. Excluding Germany's largest oil port of Wilhelmshaven and the former ducal residence of Oldenburg, industry and finance are largely concentrated in the state's east: in the state capital of Hanover, where the world's largest industrial trade fair is held annually, and soon EXPO 2000; in the automotive city of Wolfsburg; in Brunswick; and in the heavy industry region of Salzgitter. The Mittellandkanal between the Elbe and the Ems is a major traffic artery; it also integrates economically the former bishop's see and Hanseatic city of Osnabrück.

Much of the state, relatively sparsely populated with its 7.5 million inhabitants, is agrarian. And yet, Lower Saxony also offers untouched landscapes, such as the nature parks of Lüneburg Heath, and the Lower Saxon shallows. A charming holiday destination is the romantic Weser upland between Münden and Minden with its lovely examples of the Weser Renaissance. For admirers of medieval architecture, the cathedrals of Hildesheim, Braunschweig and Königslutter and the old town of Göttingen are a must. A milestone in the history of modern art was the artists' colony of Worpswede, founded in 1889.

S'étendant sur 47343 kilomètres carrés, la Basse-Saxe occupe le second rang des Länder de République fédérale par la superficie, et présente une grande variété de paysages: dunes des îles de Frise orientale, terres fertiles du littoral de la mer du Nord, prairies des bords de l'Ems, de la Weser et de la Leine, landes et marais de l'intérieur des terres, collines boisées du Harz.

Wilhelmshaven, le plus grand port pétrolier d'Allemagne, et la ville d'Oldenbourg, ancienne résidence ducale, sont les seuls centres véritablement développés de l'ouest du Land, l'activité économique se concentrant en effet à l'est: autour d'Hanovre, la capitale, où a lieu tous les ans la plus grande foire industrielle du monde et où sera organisée l'Exposition universelle de l'an 2000; à Wolfsburg, la ville de l'automobile; ainsi qu'à Brunswick et à Salzgitter, centre de l'industrie lourde. Le Mittellandkanal, qui relie l'Elbe à l'Ems et passe par Osnabrück, ancienne ville épiscopale et hanséatique, est une des principales voies de communication du Land.

La Basse-Saxe est faiblement peuplée (environ 7,5 millions d'habitants) et de grandes étendues y sont réservées à l'agriculture. Plusieurs parcs naturels y ont été aménagés, comme le parc de la lande de Lüneburg et celui du littoral de la mer des Wadden. Le Weserbergland, entre Münden et Minden, est un pays de collines romantiques parsemées de jolis châteaux Renaissance. Les cathédrales d'Hildesheim, Brunswick et Königslutter, ainsi que la vieille ville de Göttingen, fournissent de beaux exemples d'architecture médiévale. Quant à l'art moderne, il a eu ses heures de gloire à Worpswede, près de Brême.

Oben und unten: Im Alten Land südöstlich der Elbmündung. Schafe halten den Pflanzenbewuchs auf den Deichaufschüttungen kurz, um die Bodenfestigkeit zu gewährleisten.

Top and bottom: In the Altes Land south-east of the Elbe estuary. Sheep keep the plant growth on the dike sluices cropped, thus preventing erosion.

En haut et en bas: l'Altes Land, au sud-est de l'embouchure de l'Elbe. Les moutons maintiennent l'herbe rase, assurant ainsi la stabilité de la digue.

Vorangehende Doppelseite: Alte Giebelhäuser säumen den 700 Jahre alten Hafen des Fischerdorfs Greetsiel an der ostfriesischen Küste.

Previous double page: Old gabled houses line the 700-year-old harbour of Greetsiel fishing village on the East Frisian coast.

Double page précédente: Greetsiel, village de pêcheurs sept fois centenaire, est situé sur la côte de Frise orientale.

Typisches Altländer Bauernhaus mit weißgestrichenem Fachwerk. Das größte Obstanbaugebiet Norddeutschlands wurde im 3. Jahrhundert besiedelt.

Typical Altland farmhouse with white painted half-timbers. The largest fruit growing area in North Germany was settled as early as the third century.

Maison paysanne de l'Altes Land, aux colombages peints en blanc. Le peuplement de cette région fruitière, la plus grande d'Allemagne du Nord, remonte au IIIᵉ siècle.

Das Schützenfest in
Hannover wird
seit über 450 Jahren
gefeiert und gilt
heute als das größte
der Welt. Parade in
der Altstadt, im
Hintergrund der
Marktplatz.

The Marksman's
Fair in Hanover has
been celebrated for
over 450 years and
is thought to be the
largest of its sort in the
world. Parade in the
old town, with a view
of the market square.

Parade dans la vieille
ville de Hanovre à
l'occasion de la fête lo-
cale, le «Schützenfest»
que l' on célèbre depui
plus de 450 ans.
À l'arriere-plan
apparaît la place
du Marché.

Das Ernst-August-Denkmal am Bahnhof von Hannover. Der König regierte die Stadt von 1837 bis 1851.

The Ernst August monument in front of Hanover's train station. The king ruled Hanover from 1837 to 1851.

Monument du roi Ernest-Auguste devant la gare de Hanovre. Ce souverain régna sur la ville de 1837 à 1851.

Das Alte Rathaus mit dem gotischen Staffelgiebel erinnert an das Stadtbild Hannovers vor der Zerstörung im Zweiten Weltkrieg.

The Old Town Hall with Gothic step gables evokes Hanover's image before it was destroyed in the Second World War.

Pignon à créneaux gothique de l'ancien hôtel de ville de Hanovre, évoquant l'aspect de la ville avant la Seconde Guerre mondiale.

Die Ursprünge des romanisch-gotischen St.-Petrus-Doms in Osnabrück reichen bis ins 11. Jahrhundert zurück.

The origins of the Romanesque-Gothic St. Peter's Cathedral can be traced back to the 11th century.

Pierre, la cathédrale d'Osnabrück. La construction de cet édifice de style à la fois roman et gothique débuta au XIᵉ siècle.

Das Münster von Bad Gandersheim wurde im 11. Jahrhundert erbaut, die charakteristischen achteckigen Türme wahrscheinlich erst 400 Jahre später.

The Minster in Bad Gandersheim was built in the 11th century; its characteristic octagonal towers were probably not built until some 400 years later.

La cathédrale de Bad Gandersheim, près de Göttingen. L'édifice date du XIᵉ siècle, les tours octogonales qui le caractérisent ne furent erigées que 400 ans plus tard.

Das barocke Wasser schloß von Dornum gehört zu den schönsten Schlössern an de Küste Ostfrieslands.

The baroque moated castle of Dornum is one of the loveliest castles on the East Frisian coast.

Le château baroque de Dornum compte parmi les plus beaux de la côte de la Frise orientale.

Das Jagdschloß Clemenswerth bei Sögel im abgeschiedenen nördlichen Emsland ist ein Meisterwerk des Spätbarock.

The hunting-seat Clemenswerth near Sögel in remote northern Emsland is a late baroque master-work

Le pavillon de chasse de Clemenswerth, pre de Sögel, au nord de l'Emsland. Cet édific est un chef-d'œuvre d Baroque finissant.

Die Katharinenkirche in Braunschweig wurde um 1200 erbaut und Ende des 13. Jahrhunderts in eine Hallenkirche mit gotischen Stilelementen umgewandelt.

The Catherine Church in Brunswick, built in 1200, was converted at the end of the 13th century into a hall church with Gothic elements.

Sainte-Catherine de Brunswick. Construite vers l'an 1200, elle fut transformée à la fin du XIIIᵉ siècle en église-halle et agrémentée d'éléments gothiques.

Folgende Doppelseite: Die Fachwerkhäuser des 1945 zerstörten Marktplatzes von Hildesheim wurden bis 1990 originalgetreu rekonstruiert.

Following double page: The half-timbered houses along the market square of Hildesheim, destroyed in 1945, were completely rebuilt in the original style in 1990.

Double page suivante: maisons à colombages de la place du Marché d'Hildesheim. Détruites en 1945, elles furent reconstruites en 1990, conformément à l'original.

111

Die Marienburg
wacht auf einem
schroffen Felsen
über das Leinetal bei
Hildesheim. Obwohl
sie mittelalterlich
anmutet, stammt
die Burg aus dem
19. Jahrhundert.

Atop a sheer cliff, the
Marienburg keeps
watch over the
Leine Valley near
Hildesheim. Although
it appears to be medi
eval, the castle dates
from the 19th centur

Près d'Hildesheim se
dresse le château de
Marienburg qui do-
mine la Leine. Bien
que son aspect évoqu
le Moyen Âge, ce châ
teau ne fut construit
qu'au XIX⁰ siècle.

Oben: Im Spätsommer blüht das Heidekraut in der Lüneburger Heide. Unten: Landschaft an der Leine im südlichen Niedersachsen.

Top: Late summer heather blooms on the Lüneburg Heath. Bottom: Landscape on the Leine in southern Lower Saxony.

Ci-dessus: bruyère dans la lande de Lüneburg, à la fin de l'été. Ci-dessous: paysage de la vallée de la Leine, dans le sud de la Basse-Saxe.

Folgende Doppelseite: Der Marktplatz von Goslar mit dem spätgotischen Rathaus (links) und dem Marktbrunnen aus dem 13. Jahrhundert.

Following double page: The Market Square in Goslar showing the Late Gothik Town Hall (left) and the 13th century Market Well.

Double page suivante: la place du Marché de Goslar avec son hôtel de ville gothique (à gauche) et sa fontaine du XIIIe siècle.

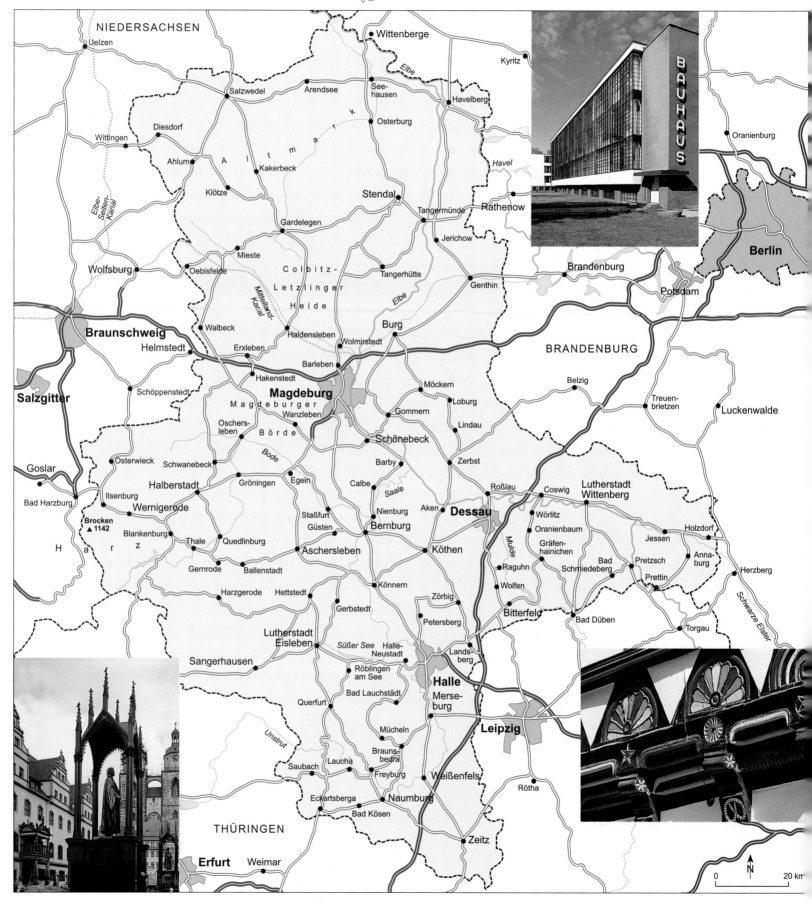

Das 1990 entstandene Bundesland Sachsen-Anhalt hat keine einheitliche Territorialgeschichte, und dennoch leben seine 2,8 Millionen Einwohner auf ausgesprochen geschichtsträchtigem Boden. Im Mittelalter war hier 300 Jahre lang ein Zentrum europäischer Politik und Kultur, waren die heutige Landeshauptstadt Magdeburg, Quedlinburg und Merseburg Pfalzen der ersten deutschen Könige und Kaiser. Daneben zeigen Halle, heute die größte Stadt des Bundeslandes, die alten Hansestädte Stendal, Tangermünde oder Salzwedel, die Domstadt Naumburg oder malerische Fachwerkstädte wie Wernigerode das Aufblühen von bürgerlicher Kultur und Handel. Mit der Reformation und Martin Luther, der an der Wittenberger Universität als Professor wirkte, gewann das Gebiet des heutigen Sachsen-Anhalt weltgeschichtliche Bedeutung. Bis in unsere Zeit setzt das 1933 aufgelöste Bauhaus von Dessau, Deutschlands berühmteste Hochschule für Architektur und angewandte Kunst, Maßstäbe in Kunst und Design.

Sachsen-Anhalt vereinigt auf seinem Territorium von 20 445 Quadrakilometern verschiedenartigste Landschaften: Das Spektrum reicht von der Altmark im Norden des Landes zu den sanftwelligen Ebenen der Magdeburger Börde, von den Flußauen von Elbe, Mulde und Saale bis zum Harz. Während die fruchtbaren Böden im Norden des Landes überwiegend landwirtschaftlich genutzt werden, ist der Süden traditionell ein bedeutendes Bergbau- und Industriegebiet. Keine Naturlandschaft, sondern ein Landschaftskunstwerk von europäischem Rang ist der idyllische Park von Schloß Wörlitz bei Coswig, der im 18. Jahrhundert im Stil englischer Gärten angelegt wurde.

The State of Saxony-Anhalt has no homogenous territorial history, and yet its 2.8 million inhabitants live on strongly marked historical land. In the Middle Ages, this was a centre of European politics, for Magdeburg, today the state capital, as well as Quedlinburg and Merseburg were palatinates of the first German kings and emperors. In addition, cities such as Halle, the largest city in the state today, the old Hanseatic towns of Stendal, Tangermünde and Salzwedel, the cathedral town of Naumburg and the picturesque half-timbered towns such as Wernigerode display the prosperity of culture and trade. With the Reformation and Luther, who was a professor at Wittenberg University, the region of what is today Saxony-Anhalt achieved its rank in history. Germany's most renowned school for architecture and applied arts, dissolved in 1933, the Bauhaus of Dessau, has set the standards for art and design, until today.

Saxony-Anhalt combines in its territory of 8,000 square miles many varied landscapes, ranging from the Altmark in the north of the state to the flat and fertile Magdeburg plain, from the Elbe, Mulde and Saale river meadows to the Harz. While the fertile lands in the north of the state are predominately agricultural, the south is traditionally an important mining and industrial area. The castle of Wörlitz near Coswig, set out as an English garden in the 18th century, is not a natural landscape, but rather a landscaped work of art of European rank.

Le Land de Saxe-Anhalt, peuplé de 2,8 millions d'habitants, a été créé en 1990. Bien que ce ne soit pas une entité historique, le Land n'en est pas moins pour autant riche de son passé: Quedlinburg, Merseburg et Magdeburg, l'actuelle capitale, étaient au Moyen Âge les fiefs des premiers rois et empereurs germaniques et la région fut durant trois cent ans un des centres de la vie politique et culturelle européenne. Par ailleurs, le commerce et la culture bourgeoise s'épanouirent dans des villes comme Halle, aujourd'hui la plus grande agglomération du Land, Stendal, Tangermünde et Salzwedel – qui firent partie de la Hanse –, Naumburg, célèbre pour sa cathédrale, ou encore Wernigerode, pittoresque avec ses nombreuses maisons à colombages.

Le territoire de l'actuelle Saxe-Anhalt influa par la suite sur le cours de l'histoire, à l'époque de la Réforme, lorsque Martin Luther enseignait à l'université de Wittenberg. Quant au Bauhaus de Dessau, dissous en 1933, il a élaboré des concepts en matière d'art, d'architecture et d'arts appliqués qui continuent à être valables aujourd'hui.

Sur une superficie de 20 445 kilomètres carrés, la Saxe-Anhalt présente les paysages les plus variés: Vieille Marche au nord, plaine ondoyante autour de Magdeburg, prairies des bords de l'Elbe, de la Mulde et de la Saale, massif du Harz. Alors que les bonnes terres du nord sont principalement consacrées à l'agriculture, l'industrie se concentre traditionnellement au sud. Quant au parc du château de Wörlitz près de Coswig, aménagé à l'anglaise au XVIIIᵉ siècle, c'est un chef-d'œuvre de l'art paysager.

Wahrzeichen des 1064 eingeweihten Doms in Naumburg sind seine vier Türme. Auf den romanischen Osttürmen sitzen barocke Hauben, die Westtürme wurden erst im 19. Jahrhundert vollendet.

The emblem of the Naumburg Cathedral, consecrated in 1604, is its four towers. On the Romanesque east towers are baroque cupulae. The west towers were not completed until the 19th century.

La cathédrale de Naumburg, consacrée en 1064, se caractérise par ses quatre tours. Celles de la façade est, de style roman, sont coiffées de coupoles baroques; celles de l'ouest ne furent achevées qu'au XIXᵉ siècle.

Auf dem 1142 Meter hohen Brocken im Harz wurden während des Kalten Krieges komplizierte Funk- und Abhöranlagen eingerichtet, die seit der Wiedervereinigung nur noch teilweise und auch dann nur für zivile Zwecke genutzt werden.

On the 3,710-foot-high Brocken in the Harz, complicated radio and monitoring devices were erected during the cold war. Since reunification, these devices have only been partially used, and then simply for civil purposes.

Des émetteurs et des dispositifs d'écoute complexes furent installés au sommet du Brocken (1142 m) pendant la guerre froide. Depuis la réunification, ces installations ne sont plus que partiellement utilisées, et ce, uniquement à des fins civiles.

Vom Gipfel des Brocken, dem höchsten Berg im Harz, bietet sich ein großartiges Panorama.

From the Brocken peak, the highest mountain in the Harz, there is a magnificent panorama.

Depuis le sommet du Brocken, le point culminant du Harz, on découvre un panorama impressionnant.

An klaren Tagen sieht man weit in die Ebene zu Füßen des Brocken und hat einen Rundblick von Magdeburg bis Hildesheim.

On clear days one can see far over the plains to the foot of the Brocken, and indeed sometimes there is a panorama from Magdeburg to Hildesheim.

Par temps clair, il est possible d'apercevoir la plaine qui s'étend entre Magdebourg et Hildesheim.

Das Kloster Unser Lieben Frau in Magdeburg ist eines der bedeutendsten romanischen Bauwerke Deutschlands. Seine ältesten Teile gehen auf das 11. Jahrhundert zurück. Heute dient der Kreuzgang als Konzertsaal.

The Cloister of Our Lady in Magdeburg is one of the most important Romanesque buildings in Germany. Its oldest parts can be traced back to the 11th century. Today, the cloister serves as a concert hall.

Notre-Dame de Magdebourg, dont la partie la plus ancienne date du XIe siècle, est l'un des principaux édifices romans d'Allemagne. Aujourd'hui, des concerts sont donnés régulièrement dans le cloître.

Klötze, ein kleiner Ort in der Altmark, hat sich seinen dörflichen Charakter bewahrt.

Klötze, a small town in the Altmark, has retained its rustic village character.

Klötze, un petit village de l'Altmark, a su conserver son caractère rustique.

Folgende Doppelseite: Die Havel bei Havelberg, kurz vor ihrer Mündung in die Elbe. Havelberg besitzt seit dem 12. Jahrhundert die Stadtrechte.

Following double page: The Havel near Havelberg, just before it joins the Elbe. Havelberg has had municipal rights since the 12th century.

Double page suivante: la Havel près de Havelberg, peu avant qu'elle ne conflue avec l'Elbe. Havelberg fut dotée d'une charte dès le XIIᵉ siècle.

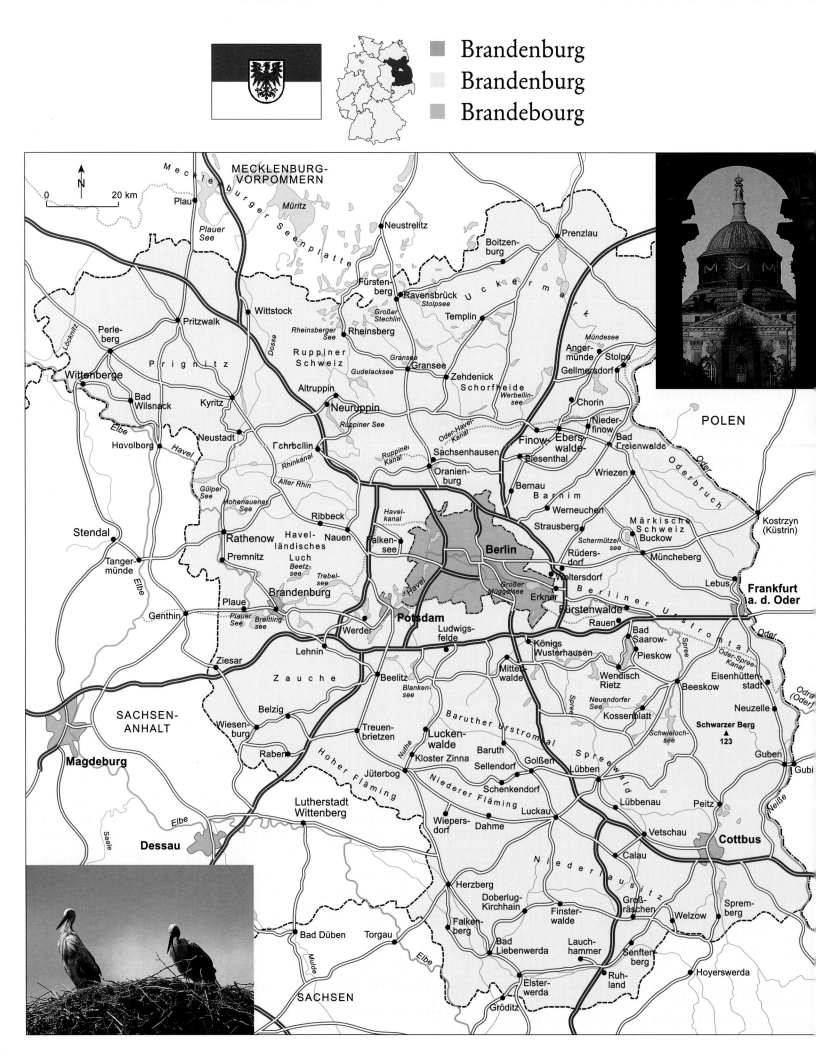

Brandenburg

Brandenburg

Brandebourg

MECKLENBURG-VORPOMMERN

POLEN

N

0   20 km

Plau

Müritz

Neustrelitz

Plauer See

Boitzenburg

Prenzlau

Mecklenburger Seenplatte

Fürstenberg

Ravensbrück

Stolpsee

Templin

Angermünde

Stolpe

Mündesee

Wittstock

Großer Stechlin

Pritzwalk

Perleberg

Prignitz

Rheinsberg

Rheinsberger See

Gudelacksee

Gransee

Gransee

Zehdenick

Schorfheide

Werbellinsee

Gellmersdorf

Chorin

Uckermark

Wittenberge

Bad Wilsnack

Kyritz

Altruppin

Neuruppin

Ruppiner See

Niederfinow

Finow

Eberswalde-Biesenthal

Bad Freienwalde

Neustadt

Fehrbellin

Ruppiner Kanal

Oder-Havel-Kanal

Sachsenhausen

Wriezen

Oderbruch

Oder

Havelberg

Havel

Elbe

Löcknitz

Rhinkanal

Alter Rhin

Oranienburg

Bernau

Barnim

Kostrzyn (Küstrin)

Stendal

Gülper See

Hohenauener See

Ribbeck

Havelkanal

Werneuchen

Märkische Schweiz

Buckow

Rathenow

Nauen

Falkensee

Strausberg

Schermützelsee

Müncheberg

Tangermünde

Premnitz

Havelländisches Luch

Beetzsee

Trebelsee

Berlin

Rüdersdorf

Berliner Urstromtal

Lebus

Brandenburg

Plaue

Woltersdorf

Erkner

Großer Müggelsee

Potsdam

Fürstenwalde

Oder

Frankfurt a. d. Oder

Elbe

Genthin

Plauer See

Breitlingsee

Werder

Havel

Ludwigsfelde

Rauen

Bad Saarow-Pieskow

Spree

Oder-Spree-Kanal

Ziesar

Lehnin

Königs Wusterhausen

Wendisch Rietz

Zauche

Beelitz

Mittenwalde

Eisenhüttenstadt

Odra (Oder)

Blankensee

Neuendorfer See

Beeskow

Belzig

Baruther Urstromtal

Kossenblatt

Neuzelle

SACHSEN-ANHALT

Wiesenburg

Treuenbrietzen

Luckenwalde

Baruth

Schwieloch-see

Schwarzer Berg

▲ 123

Magdeburg

Raben

Nuthe

Kloster Zinna

Sellendorf

Golßen

Lübben

Spreewald

Guben

Gubi

Jüterbog

Hoher Fläming

Schenkendorf

Niederer Fläming

Luckau

Lübbenau

Peitz

Neiße

Lutherstadt Wittenberg

Wiepersdorf

Dahme

Vetschau

Dessau

Elbe

Saale

Herzberg

Doberlug-Kirchhain

Finsterwalde

Calau

Niederlausitz

Großräschen

Welzow

Spremberg

Cottbus

Bad Düben

Torgau

Falkenberg

Bad Liebenwerda

Lauchhammer

Senftenberg

Hoyerswerda

Mulde

Elbe

Elsterwerda

Ruhland

Gröditz

SACHSEN

134

■ Das Bundesland Brandenburg umschließt mit seiner Fläche von etwa 29 000 Quadratkilometern die deutsche Hauptstadt Berlin, die jedoch – trotz mancher brandenburgisch-berlinischen Vereinigungspläne – auch in absehbarer Zukunft politisch selbständig bleiben wird. So ist Brandenburgs Landeshauptstadt seit 1990 Potsdam, das bereits von 1685 bis 1918 neben Berlin die zweite Residenz des preußischen Herrscherhauses war. Hier, im Herzen des alten Königreichs Preußens, ließ sich im 18. Jahrhundert Friedrich der Große inmitten eines weitläufigen Parks sein zauberhaftes Rokokoschloß Sanssouci errichten. Neben Potsdam sind Cottbus, Brandenburg und Frankfurt/Oder die größten Städte der Mark Brandenburg, wie die rund 2,5 Millionen «Märker» ihr Heimatland nennen. Ökonomische Basis sind nach wie vor die Landwirtschaft, der Kohlebergbau, die Petrochemie und die Stahlindustrie. Seit der deutsch-deutschen Wiedervereinigung spielt auch der Fremdenverkehr eine immer größere Rolle.

Sand und Seen, Kiefernwälder und Heide: Das oft als «Streusandbüchse» verspottete Brandenburg hat zahlreiche reizvolle Landschaften wie die Seengebiete der Ruppiner und der Märkischen Schweiz, das Havelland mit seinen großen Obstplantagen, das stille Oderbruch und die einzigartige Flußinsellandschaft des Spreewalds. Doch auch die kleinen brandenburgischen Städte haben etwas zu bieten: Sei es Neuruppin mit seinem frühklassizistischen Stadtkern oder Brandenburg, Prenzlau und Jüterbog mit ihren stolzen Bauten im Stil der märkischen Backsteingotik. Meisterwerke zisterziensischer Baukunst sind die Klöster Zinna, Lehnin und vor allem Chorin, von wo aus einst das Land urbar gemacht wurde.

■ The State of Brandenburg, with its surface area of approximately 11,300 square miles, encompasses the German capital of Berlin. Despite Brandenburg-Berlin unification plans, Berlin will remain politically independent in the foreseeable future. Since 1990, the state capital of Brandenburg has been Potsdam, which from 1685 to 1918 was the second Residence city of the Prussian ruling house, after Berlin. Here, in the heart of the old kingdom of Prussia, Frederick the Great had his enchanting castle of Sans Souci built in the midst of extensive park grounds. Major cities of Mark Brandenburg, as the approximately 2.5 million «Markers» call their homeland, are, in addition to Potsdam, Cottbus, Brandenburg and Frankfurt/Oder. The economic basis is still agriculture, coal mining, petro-chemicals and the steel industry. Since Germany's reunification, tourism plays an even more important role.

Sand and lakes, pine woods and heather: Brandenburg, often derided as a «sandbox», has numerous charming landscapes, such as the Ruppin and Mark Switzerland lake districts, the Havelland region with its great fruit plantations, the tranquil Oder fen, and the unique island landscape of the Spreewald. But even the small cities have something to offer, such as Neuruppin with its early classical city centre, and Brandenburg, Prenzlau and Jüterbog with their proud buildings in the Mark brick Gothic style. Cistercian architectural masterpieces are the cloisters of Zinna, Lehnin and especially Chorin.

■ Couvrant quelque 29 000 kilomètres carrés et peuplé d'environ 2,5 millions d'habitants, le Land du Brandebourg «encercle» Berlin: il existe certes des projets visant à la fusion des deux Länder, mais qui ne seront pas réalisés à court terme. Depuis 1990, la capitale du Land est donc Potsdam, ville qui de 1685 à 1918 fut, avec Berlin, l'une des résidences des souverains prussiens. C'est ici, au cœur du royaume de Prusse, que Frédéric le Grand ordonna au XVIIIe siècle la construction du château de Sans-Souci, merveilleux édifice rococo s'élevant dans un vaste parc. Parmi les autres grandes villes de l'ancienne marche de Brandebourg, citons encore Cottbus, Brandebourg et Francfort-sur-l'Oder. L'économie repose toujours sur l'agriculture, l'extraction de la lignite, la pétrochimie et la sidérurgie, le tourisme jouant cependant un rôle croissant depuis la réunification.

Couvert de lacs, de landes et de forêts de pins poussant sur un sol sablonneux – ce qui a valu au Brandebourg le sobriquet de «bac de sable»–, ce Land ne manque pas de charme: lacs disséminés dans la Suisse de la Marche, grands vergers du Havelland, calmes paysages de la vallée de l'Oder, mosaïque de terre et d'eau du Spreewald. Mais les petites villes ne sont pas elles non plus dépourvues d'intérêt, qu'il s'agisse de Neuruppin et de son centre-ville néo-classique, ou encore de Brandebourg, Prenzlau et Jüterbog, et de leurs fiers représentants du «gothique en briques de la Marche». Le Brandebourg abrite encore des chefs-d'œuvre de l'architecture cistercienne, comme les abbayes de Zinna, Lehnin et surtout Chorin, centres de civilisation à partir desquels la Marche fut défrichée et mise en valeur.

Fußgängerzone im
Zentrum Potsdams,
von den Branden-
burgern spöttisch-
liebevoll «Broadway»
genannt.

Pedestrian zone in
Potsdam's centre,
mockingly-lovingly
called «Broadway».

Dans la rue piétonn
du centre de Potsdar
appelée familière-
ment «Broadway»
par les habitants.

Vorangehende Dop-
pelseite: Blick auf die
Weinterrassen und
den Rokokobau von
Schloß Sanssouci
in Potsdam.

Previous double page
View of the wine ter-
races and the rococo
building of Sans Sou
Castle in Potsdam.

Double page précé-
dente: vue sur les
terrasses et le château
rococo de Sans-Souc
à Potsdam.

Links und rechts:
Jahrhundertelang war
hier die Fischerei ein
wichtiger Wirt-
schaftsfaktor. Die
Havel ist heute noch
reich an Aalen.

Left and right: For
centuries, fishing was
here an important
economic factor.
The Havel is still
rich in eels today.

À gauche et à droite :
pendant des siècles,
la pêche fut ici une res-
source importante.
Aujourd'hui encore,
la Havel regorge
d'anguilles.

Die Ausflugsschiffe
der «Weißen Flotte»
befahren die Havel
und die umliegenden
Seen, hier bei Werder
südwestlich von
Potsdam.

Excursion ships of the
«White Fleet» ply the
Havel and surround-
ing lakes; here, near
Werder, south-west
of Potsdam.

Non loin de Werder,
au sud de Potsdam.
Les bateaux de la
«Weisse Flotte» per-
mettent de faire des ex-
cursions sur la Havel
et les lacs des environs.

Die Katharinenkirche aus dem 15. Jahrhundert ist die größte Kirche der Stadt Brandenburg und gilt als ein Hauptwerk der märkischen Backsteingotik.

The 15th century Catherine Church is the largest church in the city of Brandenburg and is considered a masterpiece of the Mark's brick Gothic.

Sainte-Catherine de Brandebourg, bâtie au XVᵉ siècle, est l'une des œuvres majeures du «gothique en briques» dans la marche de Brandebourg.

*In Rheinsberg lebte
der Preußenkönig
Friedrich II. als Kron-
prinz. Das «stille
Schloß am Griene-
ricksee» ist ein Werk
des Spätbarocks.*

*Prussian King
Frederick II spent
happy years as
Crown Prince in
Rheinsberg. The
«calm castle on
Grienerick Lake» is
a late baroque work.*

*Le château baroque
de Rheinsberg. C'est
ici, au bord du
Grienericksee, que
le prince-héritier de
Prusse Frédéric II pas-
sa d'heureuses années*

Am nördlichen Oder-
bruch, einst eine
Sumpflandschaft im
Überschwemmungsge-
biet der Oder, erstreckt
sich heute fruchtbares
Kulturland.

Fertile land extends
along the northern
Oder fen, formerly a
marsh in the Oder's
inundation area.

Le fossé d'effondre-
ment dans lequel coule
l'Oder était autrefois
une terre inondable,
couverte de maréca-
ges. Elle constitue
aujourd'hui une
région très fertile.

Der Schermützelsee
ist einer der zahlrei-
chen Seen im Hügel-
und Seengebiet der
Märkischen Schweiz
östlich von Berlin.

The Schermützel Lake
is one of the numerou
lakes in the hill and
lake region east of
Berlin, known as
Mark Switzerland.

Le Schermützelsee est
l'un des nombreux
lacs de la Märkische
Schweiz, un paysage
de collines s'étirant à
l'est de Berlin.

Im Volksmund nennt man ihn die «Badewanne Berlins»: Der Große Müggelsee im Osten der Stadt.

In popular speech, it is known as «Berlin's Bathtub»: The Great Müggel Lake on the eastern outskirts of the city.

Le Grosse Müggelsee, dans la banlieue est de Berlin. Les Berlinois l'ont baptisé «baignoire municipale».

Buckow am Ostufer des Schermützelsees gilt als «Perle» der MärkischenSchweiz.

Buckow on the east bank of the Schermützel Lake is considered the «Pearl» of Mark Switzerland.

Buckow, sur la rive est du Schermützelsee, est considéré comme «la perle» de la Suisse de la Marche.

Die einzigartige Flußinsellandschaft des Spreewalds entstand durch die Verästelung der Spree und ihrer Nebenflüsse in Kanäle und «Fließe».

The Spreewald's unique river landscape was formed by the ramification of the Spree and its tributaries into canals and «rills».

Le Spreewald est une région où les canaux formés par les ramifications de la Sprée et de ses affluents délimitent une multitude de petites îles.

Das Boot ist auch heute noch ein wichtiges Transportmittel im Spreewald.

The boat is still a very important means of transportation in the Spreewald.

Dans le Spreewald, la barque reste un moyen de transport privilégié.

Mitten im Spree-
wald liegt Lehde,
wo, wie zu Fon-
tanes Zeiten, «jedes
Bauernhaus in der
Umzäunung seiner
Gräben daliegt wie
eine Friedensburg».

In the heart of the
Spreewald lies the vil-
lage of Lehde, where,
as in Fontane's era,
«every farmhouse in
its enclosure lies like a
peaceful stronghold».

Le village de Lehde,
dans le Spreewald,
n'a pas changé depuis
le siècle dernier, et les
descriptions du
romancier Fontane
n'ont rien perdu de
leur actualité.

Folgende Doppelseite:
Zum Spreewaldfest
tragen die sorbischen
Frauen ihre Trachten.
Die slawischen Sor-
ben sind bereits seit
dem 6. Jahrhundert
hier eingewandert.

Following double
page: Sorbian wo-
men wear their na-
tional costume for the
Spreewald festival.
The Slavic Sorbs im-
migrated here as early
as the 6th century.

Double page sui-
ante: femmes sorabes
dans leurs costumes
traditionnels. Les
Sorabes sont des
Slaves établis dans
le Spreewald depuis
le VIᵉ siècle.

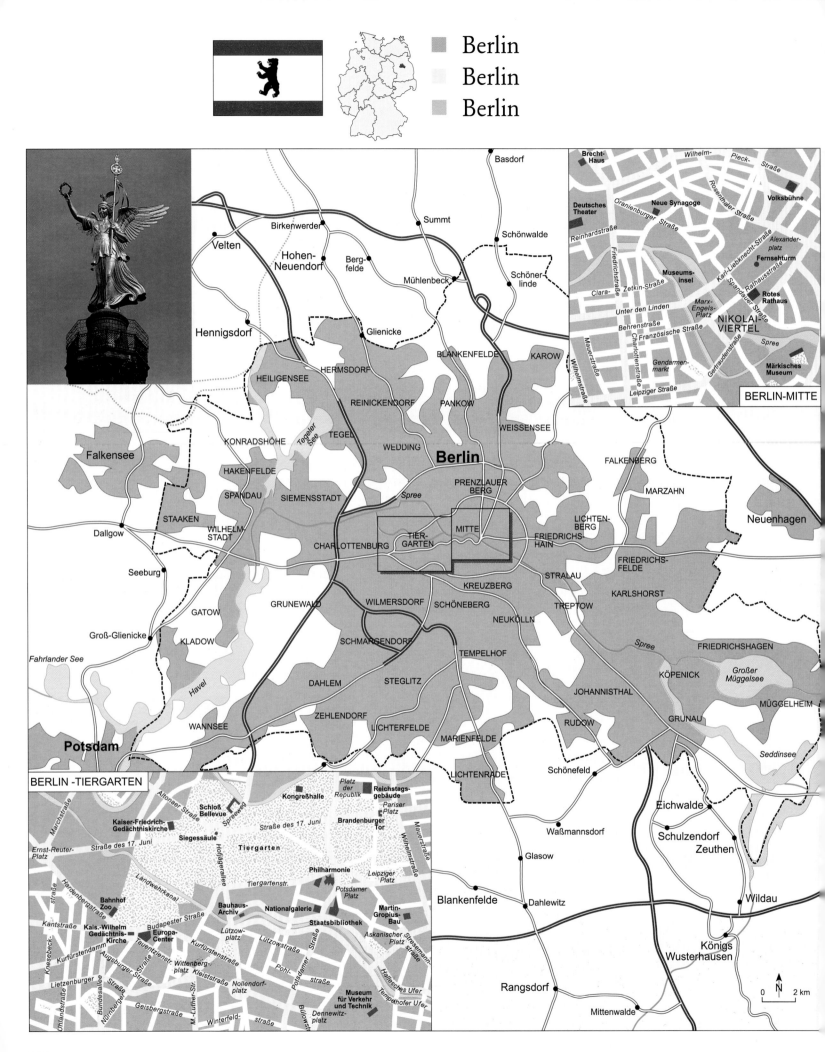

Berlin
Berlin
Berlin

Basdorf

Birkenwerder

Summt

Schönwalde

Velten

Hohen-Neuendorf

Berg-felde

Mühlenbeck

Schöner-linde

Hennigsdorf

Glienicke

HERMSDORF

BLANKENFELDE

KAROW

HEILIGENSEE

REINICKENDORF

PANKOW

WEISSENSEE

Falkensee

KONRADSHÖHE

Tegeler See

TEGEL

WEDDING

Berlin

FALKENBERG

HAKENFELDE

PRENZLAUER BERG

MARZAHN

SPANDAU

SIEMENSSTADT

Spree

LICHTEN-BERG

Neuenhagen

STAAKEN

WILHELM-STADT

TIER-GARTEN

MITTE

FRIEDRICHS-HAIN

Dallgow

CHARLOTTENBURG

FRIEDRICHS-FELDE

STRALAU

Seeburg

KREUZBERG

KARLSHORST

GRUNEWALD

WILMERSDORF

SCHÖNEBERG

TREPTOW

Spree

FRIEDRICHSHAGEN

GATOW

NEUKÖLLN

Groß-Glienicke

KLADOW

SCHMARGENDORF

KÖPENICK

Großer Müggelsee

Fahrlander See

TEMPELHOF

JOHANNISTHAL

MÜGGELHEIM

Havel

DAHLEM

STEGLITZ

GRUNAU

WANNSEE

ZEHLENDORF

LICHTERFELDE

RUDOW

Seddinsee

Potsdam

MARIENFELDE

Schönefeld

Eichwalde

LICHTENRADE

Waßmannsdorf

Schulzendorf

Glasow

Zeuthen

Blankenfelde

Dahlewitz

Wildau

Rangsdorf

Königs Wusterhausen

Mittenwalde

BERLIN-MITTE

Brecht-Haus

Wilhelm-

Pieck-

Straße

Volksbühne

Deutsches Theater

Neue Synagoge

Oranienburger Straße

Rosenthaler Straße

Reinhardstraße

Friedrichstraße

Clara-

Zetkin-Straße

Museums-insel

Alexander-platz

Karl-Liebknecht-Straße

Fernsehturm

Unter den Linden

Marx-Engels-Platz

Rathausstraße

Spandauer Straße

Rotes Rathaus

Behrenstraße

Französische Straße

NIKOLAI-VIERTEL

Charlottenstraße

Spree

Mauerstraße

Gendarmen-markt

Gertraudenstraße

Märkisches Museum

Wilhelmstraße

Leipziger Straße

BERLIN -TIERGARTEN

Platz der Republik

Reichstags-gebäude

Kongreßhalle

Altonaer Straße

Schloß Bellevue

Pariser Platz

Spreeweg

Marchstraße

Kaiser-Friedrich-Gedächtniskirche

Brandenburger Tor

Siegessäule

Straße des 17. Juni

Wilhelmstraße

Tiergarten

Ernst-Reuter-Platz

Straße des 17. Juni

Hofjägerallee

Tiergartenstr.

Philharmonie

Leipziger Platz

Landwehrkanal

Potsdamer Platz

Hardenbergstraße

Bahnhof Zoo

Bauhaus-Archiv

Nationalgalerie

Martin-Gropius-Bau

Kantstraße

Kais.-Wilhelm Gedächtnis-Kirche

Europa-Center

Budapester Straße

Staatsbibliothek

Knesebeckstr.

Kurfürstendamm

Tauentzienstr.

Lützowplatz

Lützowstraße

Askanischer Platz

Stresemannstraße

Augsburger Straße

Wittenberg-platz

Pohl-straße

Lietzenburger Straße

Uhlandstraße

Bundesallee

Nürnberger Straße

Kleiststraße

Nollendorf-platz

Potsdamer Straße

Hallesches Ufer

Tempelhofer Ufer

Geisbergstraße

M.-Luther-Str.

Winterfeld-straße

Bülowstr.

Dennewitz-platz

Museum für Verkehr und Technik

0   N   2 km

Seit 1991 heißt die Hauptstadt ganz Deutschlands wieder Berlin. Der 889 Quadratkilometer große Stadtstaat liegt mitten im Bundesland Brandenburg, das über 40 Jahre lang nur als Hinterland der ehemaligen DDR-Hauptstadt (Ost-)Berlin eine Rolle spielte. Mit 3,5 Millionen Einwohnern ist Berlin, das durch die Mauer jahrzehntelang das Symbol des geteilten Europas war, die größte deutsche Stadt, eine der bedeutendsten europäischen Industriestädte und eine pulsierende, schnelllebige Metropole, in der Kunst und Kultur, Tradition und Avantgarde eine prickelnde Symbiose eingegangen sind.

Die vielbesungene «Berliner Luft» war immer auch der Duft der großen weiten Welt, der seit Preußens Aufstieg zur Großmacht im 17. Jahrhundert durch die Stadt an der Spree wehte. Damals kehrten preußischer Glanz und Gloria in Berlin ein: Mit prunkvollen Barockbauten wie Schloß Charlottenburg oder den Repräsentationsbauten am Gendarmenmarkt, der im 19. Jahrhundert durch Karl Friedrich Schinkels Schauspielhaus einen neuen klassizistischen Mittelpunkt erhielt.

Berlins Attraktionen sind sicher mehr als eine Reise wert: Vom Alexanderplatz, dem Zentrum des ehemaligen (Ost-)Berlin, bis zur berühmten Einkaufsmeile Kurfürstendamm, vom Brandenburger Tor bis zur Gedächtniskirche – Berlin zeigt sich überall als Metropole der Superlative. Und auch das Berliner Umland geizt nicht mit seinen Reizen: Sei es im Grunewald, an der Havel oder den vielen Seen. Doch Berlin ist nicht nur eine Weltstadt, Berlin ist auch ein Lebensgefühl: Eine einzigartige Mischung aus Geschichte und Gegenwart, gewürzt mit dem Versprechen einer faszinierenden Zukunft.

Since 1991, Berlin is once again the capital of all Germany. The 347-square-mile city state lies in the heart of the State of Brandenburg, which for over 40 years played a role only as the hinterland of the former German Democratic Republic's capital of (East) Berlin. Berlin, its wall for decades the symbol of a divided Europe, is with its 3.5 million inhabitants Germany's largest city. It is one of the most important industrial cities in Europe and a pulsing, fast-paced metropolis, where art and culture, tradition and the avant-garde have joined in a titillating symbiosis.

The much touted «Berlin air» was always the scent of the great wide world, wafting through the city since Prussia's rise to a super power in the 17th century. Prussian brilliance and glory came to Berlin then, with grandiose baroque buildings such as Charlottenburg Castle and the splendid Gendarmenmarkt, which attained a new focal point in the 19th century with Karl Friedrich Schinkel's theatre. Berlin's attractions are certainly worth more than one trip: From Alexanderplatz, the centre of the then (East) Berlin, to the Kurfürstendamm, the famous shopping boulevard, from the Brandenburg Gate to the Gedächtniskirche – Berlin shows itself as a superlative metropolis. Nor are its environs without charm: whether it be Grunewald, the Havel or the numerous lakes. But Berlin is not just a metropolis, Berlin is also a way of life: a unique mixture of past and present, spiced with the promise of a fascinating future.

Depuis 1991, Berlin est de nouveau la capitale de l'Allemagne. Divisée par le Mur et privée d'arrière-pays durant quarante ans, cette ville a été le symbole de la partition de l'Europe. Avec 3,5 millions d'habitants répartis sur 889 kilomètres carrés, Berlin, ville-État, est à la fois la première des villes allemandes, l'un des principaux centres industriels européens et une métropole animée, dans laquelle l'art et la culture, la tradition et les avant-gardes s'associent pour former une symbiose pétillante.

Il flotte sur les bords de la Sprée un parfum de ville ouverte sur le vaste monde, et cela depuis la fin du XVIIe siècle, époque qui vit l'accession de la Prusse au statut de grande puissance. C'est alors en effet que la splendeur et la gloire prussiennes ont commencé à s'exprimer à Berlin, notamment par de somptueux bâtiments baroques tels que le château de Charlottenbourg ou par les prestigieux édifices du Gendarmenmarkt, ensemble architectural complété au XIXe siècle par le Schauspielhaus, théâtre néoclassique dû à l'architecte Schinkel qui marqua de son empreinte la physionomie de la ville.

Un proverbe allemand dit que Berlin vaut bien un voyage. Mais cette ville recèle tant de curiosités qu'il faut assurément en faire plusieurs: de la porte de Brandebourg à l'église du Souvenir, de la place Alexanderplatz au Kurfürstendamm, Berlin est véritablement une métropole des superlatifs. La banlieue elle-même ne manque pas de charme, que ce soit dans la forêt de Grunewald, au bord de la Havel ou de l'un des nombreux lacs disséminés aux alentours de la ville. Mais Berlin n'est pas qu'une capitale: c'est aussi un style de vie, un mélange unique d'histoire et de présent, une ville à l'avenir fascinant.

Das Rote Rathaus, Sitz des Regierenden Bürgermeisters und des Senats von ganz Berlin, verdankt seinen Namen seiner roten Backsteinfassade.

The Red Town Hall, seat of the incumbent mayor and the senate of all Berlin, owes its name to its red brick facade.

L'hôtel de ville rouge, qui abrite les bureaux du bourgmestre et le parlement de Berlin réunifié, se reconnaît à sa façade de briques rouges.

Der Alexanderplatz
im Herzen der Stadt
war der größte Platz
im ehemaligen
(Ost-)Berlin.

Alexanderplatz in the
heart of the city was
the largest square in
former (East) Berlin.

L'Alexanderplatz,
aujourd'hui au cœur
de la ville, était autre-
fois la plus grande et
la plus populaire des
places de Berlin-Est.

Vorangehende Dop-
pelseite: Wer am
Bahnhof Zoo an-
kommt, ist mit weni
gen Schritten am
Kurfürstendamm.

Previous double pag
It is only a few steps
from the Bahnhof
Zoo to the famous
Kurfürstendamm.

Double page précé-
dente: la gare du Zo
distante de quelques
pas seulement
du légendaire
Kurfürstendamm.

Die Berliner nennen die Kongreßhalle in den Grünanlagen des Tiergartens Schwangere Auster».

The inhabitants of Berlin call the Congress Hall in Tiergarten park the «Pregnant Oyster».

Le palais des congrès de Tiergarten, baptisé «l'huître pleine» (SchwangereAuster) par les Berlinois .

Die futuristisch an- mutende Philharmo- nie am Südrand des Tiergartens wurde von Hans Scharoun in den sechziger Jahren erbaut.

The Philharmonic on the southern edge of the Tiergarten was built in the 1960's by Hans Scharoun.

La Philharmonie, édi- fice futuriste construit par Hans Scharoun, dans les années soixante, au sud du parc de Tiergarten.

Ende des 18. Jahr-
hunderts wurden das
Schlößchen (links)
und die Meierei
(rechts) auf der
Pfaueninsel als künst-
liche Ruinen errichtet.

At the end of the
18th century, the
little castle (left) and
the farmhouse (right)
on Peacock Island
were built as
artificial ruins.

L'île aux Paons, sur
le Wannsee: le châ-
teau (à gauche) et la
fermette (à droite),
construits à la fin du
XVIIIᵉ siècle, imitent
des ruines.

Eine beschauliche
Art, Berlin zu ent-
decken, ist eine
Fahrt auf einem
Spreedampfer.

A tranquil way
to discover Berlin
is by a trip on
a Spree steamer.

Les vedettes navi-
guant sur la Sprée pe
mettent de découvrir
Berlin d'une manièr
bien agréable.

Der Grunewaldturm bietet eine herrliche Aussicht über den Stadtforst von Berlin, den Grunewald.

The Grunewald Tower provides a splendid view over Grunewald, the city forest of Berlin.

La tour de Grunewald, depuis laquelle on découvre un superbe panorama sur la forêt.

Folgende Doppelseite: Das Brandenburger Tor, einst Symbol der geteilten Stadt, ist seit 1989 das Wahrzeichen des wiedervereinigten Deutschlands.

Following double page: Former symbol of a divided city, the Brandenburg Gate, has been the symbol of reunited Germany since the year of 1989.

Double page suivante: la porte de Brandebourg, qui matérialisait la partition de la ville, est devenue le symbole de l'Allemagne réunifiée.

163

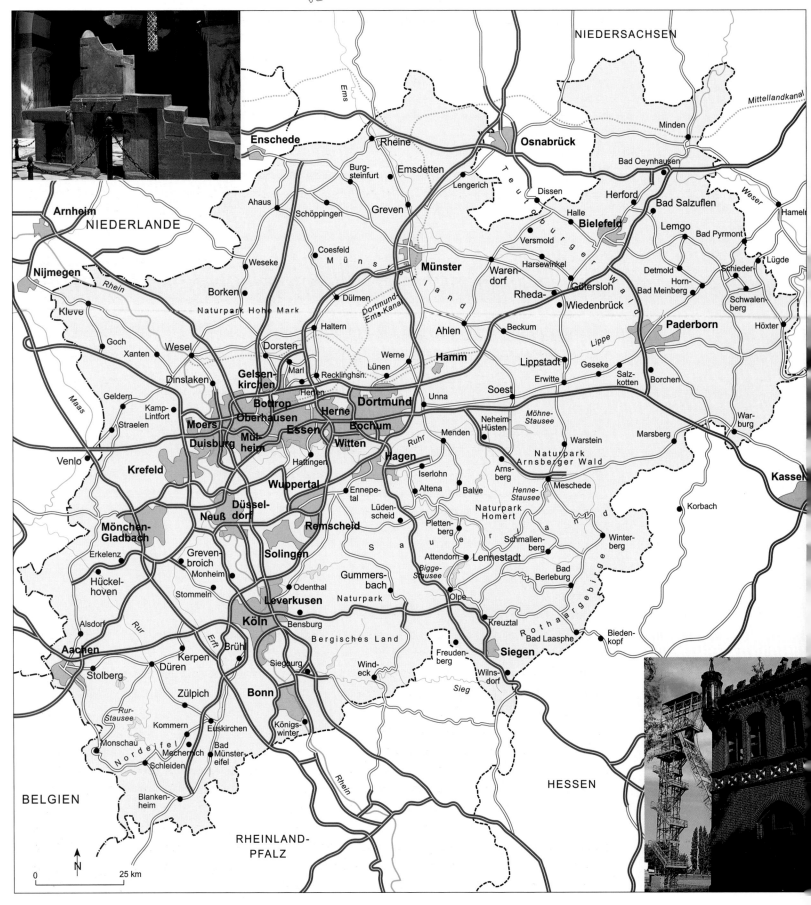

NIEDERSACHSEN

Mittellandkanal

Ems

Minden

Enschede

Rheine

Osnabrück

Burg-
steinfurt

Emsdetten

Bad Oeynhausen

Lengerich

Dissen

Herford

Bad Salzuflen

Weser

Hamel

Ahaus

Halle

Lemgo

Greven

Bielefeld

Bad Pyrmont

Schöppingen

Versmold

Arnheim

NIEDERLANDE

Coesfeld

Weseke

Münster

Warendorf

Harsewinkel

Detmold

Lügde

Schieder-

Nijmegen

Rhein

Münsterland

Gütersloh

Horn-
Bad Meinberg

Schwalen-
berg

Borken

Rheda-
Wiedenbrück

Kleve

Dülmen

Paderborn

Höxter

Goch

Haltern

Naturpark Hohe Mark

Ahlen

Beckum

Lippe

Xanten

Dortmund-
Ems-Kanal

Wesel

Dorsten

Werne

Hamm

Lippstadt

Geseke

Salz-
kotten

Borchen

Dinslaken

Gelsen-
kirchen

Marl

Recklinghsn.

Lünen

Erwitte

Warburg

Geldern

Bottrop

Herten

Dortmund

Unna

Soest

Möhne-
Stausee

Kamp-
Lintfort

Oberhausen

Herne

Essen

Bochum

Neheim-
Hüsten

Warstein

Marsberg

Straelen

Moers

Mül-
heim

Witten

Menden

Naturpark
Arnsberger Wald

Duisburg

Ruhr

Venlo

Maas

Hattingen

Hagen

Iserlohn

Arns-
berg

Meschede

Kassel

Krefeld

Altena

Balve

Henne-
Stausee

Korbach

Wuppertal

Ennepe-
tal

Lüden-
scheid

Naturpark
Homert

Mönchen-
Gladbach

Düssel-
dorf

Neuß

Remscheid

Pletten-
berg

Schmallen-
berg

Winter-
berg

Erkelenz

Solingen

Attendorn

Lennestadt

Bad
Berleburg

Hückel-
hoven

Greven-
broich

Gummers-
bach

Bigge-
Stausee

Olpe

Monheim

Odenthal

Naturpark

Rothaargebirge

Alsdorf

Stommeln

Leverkusen

Rur

Erft

Bensburg

Kreuztal

Biedenkopf

Aachen

Kerpen

Köln

Bergisches Land

Bad Laasphe

Stolberg

Düren

Brühl

Freuden-
berg

Siegen

Zülpich

Siegburg

Wind-
eck

Wilns-
dorf

Bonn

Kommern

Euskirchen

Königs-
winter

Sieg

Rur-
Stausee

Monschau

Mechernich

Bad
Münster-
eifel

Nordeifel

Schleiden

Rhein

HESSEN

Blanken-
heim

BELGIEN

RHEINLAND-
PFALZ

0 N 25 km

Nordrhein-Westfalen ist mit bald 18 Millionen Einwohnern das bevölkerungsreichste Bundesland Deutschlands, wobei es flächenmäßig mit 34 070 Quadratkilometern gerade an vierter Stelle rangiert. Düsseldorf, die elegante Landeshauptstadt, liegt südlich von Europas größtem urbanen Ballungsraum an Rhein und Ruhr, wo bis zum einschneidenden Strukturwandel der letzten Jahrzehnte Kohlebergbau und Stahlindustrie das Leben bestimmten. Daß sich in unmittelbarer Nachbarschaft des bedeutendsten deutschen Industriereviers, dem Ruhrgebiet, noch verträumte, stille Landschaften erstrecken, ist allerdings meist nur den Einheimischen bekannt. Ein Viertel der Fläche des Bundeslandes bedecken waldreiche Mittelgebirgslandschaften wie der Teutoburger Wald, das Rothaargebirge, die Nordeifel oder das Sauerland. Und mehr als die Hälfte wird landwirtschaftlich genutzt.

Die Konzentration so vieler Städte macht Nordrhein-Westfalen auch zu einem Zentrum von Wissenschaft und Kunst – und das nicht erst in unseren Tagen. Bauwerke und Denkmäler aus der Römerzeit bis in die Moderne belegen die lange Tradition dieses alten Kulturlandes, das viel mehr als nur den weltberühmten Dom in der Rheinmetropole Köln aufzuweisen hat. Großartige Schloßarchitektur findet man vom Münsterland bis nach Bonn, das über 40 Jahre lang das politische Zentrum Deutschlands war. Und mit wertvollen Kunstsammlungen und einer lebendigen Kulturszene werben Ruhrgebietsstädte wie Duisburg, Essen und Dortmund. Doch in Nordrhein-Westfalen weiß man auch andere Genüsse zu schätzen: Nicht zufällig kommt eines der beliebtesten deutschen Biere aus Dortmund.

North Rhine-Westphalia is the most densely populated state in Germany, with 18 million inhabitants, but ranks fourth in surface area with its 13,308 square miles. Düsseldorf, the elegant state capital, lies to the south of Europe's largest urban region on the Rhine and Ruhr, where, until the decisive structural change over the last few decades, coal mining and the steel industry defined the life here. Only insiders know that in the immediate vicinity of the most important German industrial district, there are tranquil landscapes and wooded highlands such as the Teutoburger Wald, the Rothaar Mountain Range, the North Eifel and the Sauerland. About one half of the state's surface area is used for agriculture.

The concentration of so many cities makes North Rhine-Westphalia a centre of science and arts as well – and not just recently. Buildings and monuments dating from Roman to modern times substantiate the long tradition of this old cultural state, which has produced much more than just the famous cathedral in the Rhine metropolis of Cologne. Marvellous castle architecture can be found from the Münsterland to Bonn, which for over 40 years was Germany's political centre. Ruhr area cities such as Duisburg, Essen and Dortmund attract with valuable art collections and a lively cultural scene. But in North Rhine-Westphalia, people know how to enjoy other pleasures as well; it is not by chance that one of Germany's favourite beers comes from Dortmund.

Avec près de 18 millions d'habitants, la Rhénanie du Nord-Westphalie est le plus peuplé des Länder de République fédérale, même si par sa superficie de 34 070 kilomètres carrés, il n'occupe que la quatrième place. Düsseldorf, l'élégante capitale du Land, est située au sud de la plus grande concentration urbaine d'Europe et de la plus importante des régions industrielles allemandes: la Ruhr. Jusqu'à la restructuration radicale de ces dernières décennies, on y vivait principalement de la sidérurgie et de l'extraction de la houille. Ce qui est moins connu du grand public, c'est que des paysages tranquilles et romantiques subsistent à proximité immédiate de cette grande région industrielle. Les collines boisées du Teutoburger Wald, du Rothaargebirge, du Nordeifel et du Sauerland couvrent en effet un quart de la Rhénanie du Nord-Westphalie, la moitié du Land étant par ailleurs consacrée à l'agriculture.

Du fait de la forte concentration urbaine qui la caractérise, la Rhénanie du Nord-Westphalie est depuis longtemps déjà un centre scientifique et artistique. La longue tradition culturelle locale est mise en évidence non seulement par la cathédrale de Cologne, célèbre dans le monde entier, mais également par de nombreux édifices et monuments érigés entre la période romaine et l'époque actuelle: citons seulement les superbes châteaux s'élevant entre Münster et Bonn, qui fut la capitale politique de l'Allemagne pendant plus de quarante ans, les villes de la Ruhr comme Duisburg, Essen et Dortmund, où la vie culturelle est très active. Mais la Rhénanie du Nord-Westphalie a aussi d'autres plaisirs à offrir, notamment la bière de Dortmund, l'une des plus fameuses au monde.

Die Tonhalle in Düsseldorf (links) ist ein markantes Beispiel für die Architektur der zwanziger Jahre.

The Tonhalle in Düsseldorf (left) is a striking example of 1920's architecture.

La Tonhalle de Düsseldorf est un exemple caractéristique de l'architecture des années vingt.

Vorangehende Doppelseite: Im Süden Düsseldorfs liegt das barocke Jagdschloß Benrath.

Previous double page: In the south of Düsseldorf lies the baroque hunting lodge Benrath.

Double page précédente: le pavillon de chasse baroque de Benrath, au sud de Düsseldorf.

Wuppertals Schwebe-
bahn ist das Wahr-
zeichen der Stadt
und gleichzeitig ein
sehr sicheres Verkehrs-
mittel. Sie fährt seit
1903 unfallfrei.

Wuppertal's suspen-
sion railway is the
city's emblem and at
the same time a very
safe means of trans-
portation. It has been
in operation since
1903, accident-free.

Le train suspendu de
Wuppertal, l'emblème
de la ville, est un
moyen de transport
extrêmement sûr:
aucun accident depuis
sa mise en service
en 1903.

Der 212 Meter hohe
Dortmunder Fernseh-
turm «Florian» bietet
einen Panoramablick
über den Westfalen-
park, ein weitläu-
figes Freizeit- und
Erholungsgelände im
Süden der Stadt.

Dortmund's 689-
foot-high TV tower
«Florian» offers a
panoramic view
over Westfalenpark,
a recreation area in
the city's south.

La tour de la télévi-
sion de Dortmund,
haute de 212 mètres, a
té baptisée «Florian».
Elle domine le
Westfalenpark, un
grand parc de loisirs
implanté au sud
de la ville.

Zu Füßen der roma-
nischen Kirche Groß
St. Martin liegt der
Fischmarkt, einer der
schönsten Plätze in
der Kölner Altstadt.

The fish market lies
at the foot of the
Romanesque church
of Great St. Martin,
one of the loveliest
squares in Cologne's
Old Town.

Au pied de l'église ro-
mane St Martin-la-
Grande à Cologne,
se trouve l'une des
plus belles places de
la vieille ville,
le Fischmarkt.

Oben: Seit 1986 ist die Sammlung Ludwig im Museum am Kölner Dom zu sehen. Unten: Viele Brücken führen in Köln über den Rhein.

Top: Since 1986, the Ludwig Collection can be seen in the museum at Cologne's Cathedral. Bottom: The Rhine is spanned at Cologne by numerous bridges.

Ci-dessus: depuis 1986, la collection Ludwig est exposée au complexe muséologique (à gauche), près de la cathédrale de Cologne. Ci-dessous: de nombreux ponts franchissent le Rhin à Cologne.

Folgende Doppelseite: Kölns Wahrzeichen ist der Dom, der im Jahr 1880, also über 600 Jahre nach der Grundsteinlegung, vollendet wurde.

Following double page: Cologne's emblem is the cathedral, which was completed in 1880, six hundred years after the cornerstone was laid.

Double page suivante: la cathédrale de Cologne – l'emblème de la ville – ne fut terminée qu'en 1880, plus de six siècles après la pose de la première pierre.

Camper an der Ruhr kennen sich oft schon seit Jahren. Man trifft sich beim Plausch, als wären es die Nachbarn von nebenan.

Ruhr Campers have often known each other for years, meeting each for a chat as though they were next door neighbours.

Dans ce terrain de camping de la Ruhr, la plupart des vacanciers se connaissent et se retrouvent tous les ans avec plaisir.

(Fast) immer geöffnet verkaufen sie (fast) alles: die «Trinkhallen» und Kioske im Ruhrgebiet.

(Almost) always open, they sell (almost) everything: refreshment stalls and kiosks in the Ruhr district.

Les kiosques de la Ruhr sont (presque) toujours ouverts et vendent (pratiquement) de tout.

Ein gemütliches
Plätzchen ganz
eigener Art: am
Duisburger
Freihafen.

A cosy place of a
very special kind:
at the Duisburg
duty free zone.

Moment de détente
dans le port franc
de Duisburg.

Folgende Doppelseite:
Die Metallindustrie
ist immer noch ein
bedeutender Wirt-
chaftszweig in Nord-
hein-Westfalen. Hier
in einer Schmiede
in Hagen.

Following double
page: As has always
been the case, the met-
al industry is impor-
tant in North Rhine-
Westphalia. Here, in
a smithy at Hagen.

Double page
suivante: forge
à Hagen, au nord du
Sauerland. La métal-
lurgie reste un des
iliers économiques de
la Rhénanie du
Nord-Westphalie.

*Das Barockschloß
Nordkirchen im süd-
lichen Münsterland,
von Zeitgenossen
das «westfälische
Versailles» genannt,
liegt auf einer fast
quadratischen Insel.*

*The baroque castle of
Nordkirchen in
Münsterland, called
the «Westphalian
Versailles» by its con-
temporaries, is located
on an island almost
square in shape.*

*Le château baroque de
Nordkirchen, au sud
de Münster. Cons-
truit sur une île for-
mant un carré presque
parfait, il fut baptisé
«Versailles de la
Westphalie».*

Mittwochs und sams-
tags ist Wochenmarkt
vor dem romanisch-
gotischen Dom
von Münster.

On Wednesdays
and Saturdays the
biweekly market
is held in front of the
Romanesque-Gothic
Cathedral of Münster.

Une marché bihebdo-
madaire (les mercredis
et samedis) se tient
sur le parvis de la
cathédrale romane et
gothique de Münster.

Folgende Doppelseite:
Die Fachwerkhäuser
in Freudenberg be-
stimmen seit über
300 Jahren das Bild
des Luftkurortes
im Siegerland.

Following double
page: The half-tim-
bered houses of
Freudenberg have
determined the spa's
image in Siegerland
for over 300 years.

Double page sui-
vante: maisons à
colombages trois
fois centenaires de
Freudenberg, station
climatique du
Siegerland.

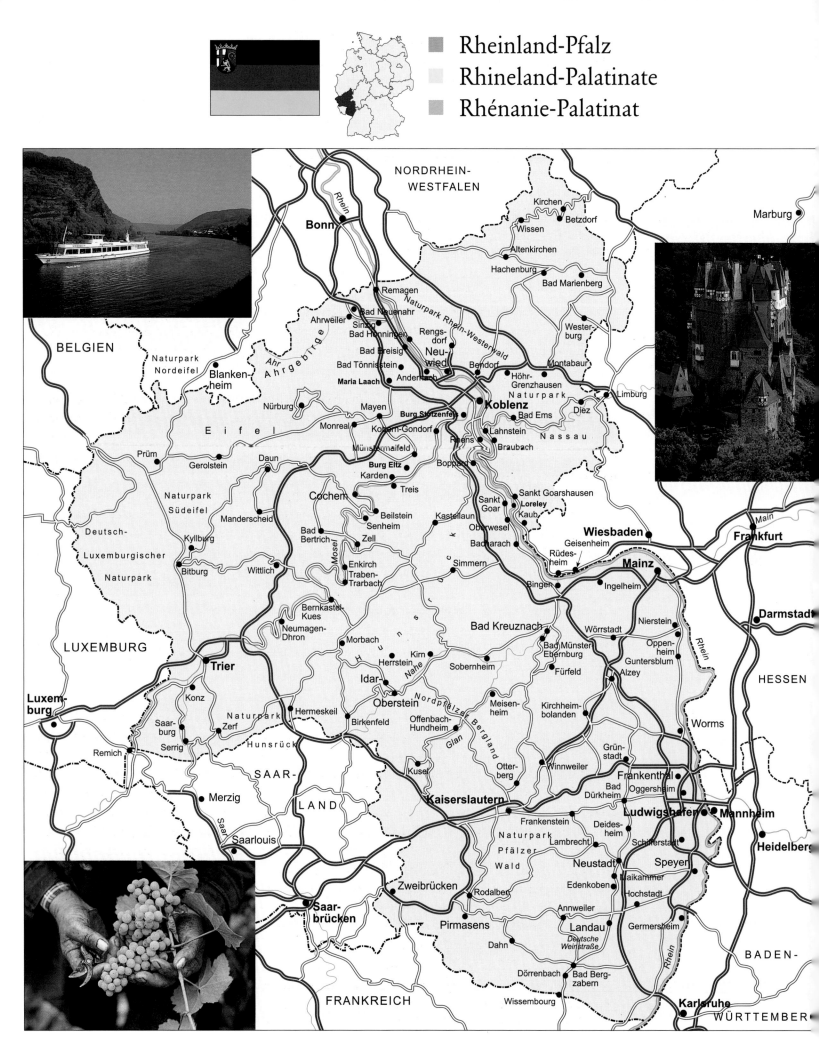

NORDRHEIN-
WESTFALEN

Rhein

Bonn

Marburg

Kirchen
Betzdorf
Wissen
Altenkirchen

BELGIEN

Naturpark
Nordeifel

Blanken-
heim

Hachenburg
Bad Marienberg

Remagen
Ahrweiler
Bad Neuenahr
Sinzig
Bad Hönningen
Rengs-
dorf
Bad Breisig
Bad Tönnisstein
Maria Laach
Andernach
Neu-
wied
Bendorf
Höhr-
Grenzhausen
Wester-
burg
Montabaur

Naturpark Rhein-Westerwald

A h r g e b i r g e

Nürburg
Mayen
Burg Stolzenfels
Koblenz
Bad Ems
Diez
Limburg

E i f e l
Monreal
Kobern-Gondorf
Rhens
Lahnstein
N a s s a u

Prüm
Gerolstein
Daun
Münstermaifeld
Braubach

Naturpark
Südeifel
Manderscheid
Burg Eltz
Karden
Treis
Boppard

Deutsch-
Luxemburgischer
Naturpark
Kyllburg
Cochem
Beilstein
Senheim
Bad
Bertrich
Zell
Kastellaun
Sankt
Goar
Sankt Goarshausen
Loreley
Kaub

Bitburg
Wittlich
Oberwesel
Bad
Münster-
Ebernburg

Wiesbaden
Frankfurt

Main

Mosel
Enkirch
Traben-
Trarbach
Simmern
Geisenheim
Rüdes-
heim
Mainz

Bernkastel-
Kues
Bingen
Ingelheim

Darmstadt

Neumagen-
Dhron
Morbach
Bad Kreuznach
Wörrstadt
Nierstein
Oppen-
heim

LUXEMBURG
Kirn
Sobernheim
Fürfeld
Guntersblum
Alzey

Rhein

HESSEN

Herrstein
Nahe
Trier
Idar-
Oberstein
Meisen-
heim
Kirchheim-
bolanden
Worms

Konz
Hermeskeil
Birkenfeld
Offenbach-
Hundheim
Glan
Grün-
stadt

Luxem-
burg
Saar-
burg
Zerf
Naturpark
Hunsrück
Kusel
Otter-
berg
Winnweiler
Frankenthal

Remich
Serrig
Kaiserslautern
Bad
Dürkheim
Oggersheim
Ludwigshafen
Mannheim

SAAR-
LAND
Frankenstein
Deides-
heim
Schifferstadt

Merzig
Naturpark
Pfälzer
Wald
Lambrecht
Neustadt
Speyer
Heidelberg

Saarlouis
Saar
Zweibrücken
Rodalben
Edenkoben
Maikammer
Hochstadt

Saar-
brücken
Annweiler
Landau
Germersheim

Pirmasens
Dahn
Deutsche
Weinstraße

BADEN-

FRANKREICH
Dörrenbach
Bad Berg-
zabern
Rhein

Wissembourg
Karlsruhe
WÜRTTEMBER

Rheinland-Pfalz ist nicht nur dem Namen nach das deutsche Kernland des Rheins, gilt doch seit bald 200 Jahren das Rheintal zwischen Koblenz und Mainz als Inbegriff einer romantischen deutschen Landschaft. Rund vier Millionen Menschen leben hier auf einer Fläche von 19 846 Quadratkilometern, wovon knapp die Hälfte landwirtschaftlich genutzt wird und weitere 40 Prozent Waldland sind. Kein Land der großen Städte also: Selbst die Landeshauptstadt Mainz begnügt sich mit 180 000 Einwohnern, dicht gefolgt von Ludwigshafen, dem Sitz des Chemiekonzerns BASF mit über 100 000 Beschäftigten. Nennenswerte Großstädte sind noch Kaiserslautern, Koblenz und Trier, doch ansonsten ist Rheinland-Pfalz vor allem für romantische Weinorte wie Bernkastel-Kues, Traben-Trarbach, Zell oder Cochem berühmt.

Der Weinbau hat hier seit altersher einen hohen Stellenwert – auch wenn seine wirtschaftliche Bedeutung in den letzten Jahren zurückgegangen ist. Zwei Drittel der Weinanbaufläche Deutschlands liegen in der Pfalz und an den Ufern des Rheins und seiner Nebenflüsse Mosel, Nahe und Ahr. Kein Wunder, daß da die Winzerfeste zu den großen Ereignissen des Rheinland-Pfälzer Kalenders zählen.

Eine Weinprobe läßt sich in dieser alten Kulturlandschaft zwischen Westerwald und Eifel, Hunsrück und Pfälzer Wald gut mit einer Reise in die Vergangenheit verbinden: Zu den Römerbauten in Trier, den mittelalterlichen Kaiserdomen in Mainz, Speyer und Worms oder zur romanischen Benediktinerabtei Maria Laach und den malerischen Burgen an Rhein und Mosel. Seine Gesundheit kann man in 60 Heilbädern und Kurorten pflegen, und für Stimmung sorgt der berühmte Mainzer Karneval.

Rhineland Palatinate is not merely the German heartland of the Rhine in name; for almost 200 years, the Rhine valley between Koblenz and Mainz has been considered to be the quintessence of romantic German landscape. Approximately four million people live here on a surface area of 7,752 square miles, of which around 90 percent is tilled land and woods. No state of big cities, therefore. Even the state capital of Mainz contents itself with just 180,000 inhabitants, closely followed by Ludwigshafen, seat of the chemical company BASF. Other cities worth mentioning are Kaiserslautern, Koblenz and Trier.

Rhineland-Palatinate is otherwise famed for its romantic wine-growing areas such as Bernkastel-Kues, Traben-Trarbach, Zell and Cochem. Wine-growing has held a high position here since ancient times. Two thirds of Germany's wine-growing areas are in the Palatinate and on the banks of the Rhine and its tributaries the Mosel, the Nahe and the Ahr. No wonder the wine festivals are among the great events celebrated in Rhineland-Palatinate. Wine-tasting in this landscape between Westerwald and Eifel, Hunsrück and Pfälzer Wald can be combined with a journey through time: to the Roman buildings in Trier, to the medieval cathedrals in Mainz, Speyer and Worms, to the Romanesque Benedictine abbey Maria Laach and to the innumerable picturesque castles. One can care for one's health in the over 60 medicinal baths and spas, and the famous Mainz Carnival activities ensure a great atmosphere.

Comme son nom l'indique, le Land de Rhénanie-Palatinat est le pays du Rhin, fleuve dont la vallée entre Coblence et Mayence est considérée depuis bientôt deux cents ans comme le paysage romantique allemand par excellence. Le Land compte quelque quatre millions d'habitants, répartis sur 19 846 kilomètres carrés, la moitié de cette superficie étant constituée par des terres agricoles et 40 pour cent par des forêts. On ne trouve donc pas ici de grande ville: Mayence, la capitale, n'a que 180 000 habitants; elle est suivie de près par Ludwigshafen – siège de BASF, trust chimique employant plus de 100 000 personnes. On pourrait encore citer Kaiserslautern, Coblence et Trèves, mais le Land de Rhénanie-Palatinat est avant tout célèbre pour ses villages romantiques tels que Bernkastel-Kues, Traben-Trarbach, Zell ou Cochem, tous situés au cœur d'un vignoble. La vigne est cultivée ici depuis fort longtemps, mais son importance économique a diminué ces dernières années. Les deux tiers du vignoble allemand sont concentrés dans le Palatinat, sur les côtes du Rhin et au bord de la Moselle, de la Nahe et de l'Ahr. Il n'est donc pas étonnant que les fêtes des vendanges soient les temps forts de la vie en Rhénanie-Palatinat.

Dans ce pays de longue tradition culturelle s'étirant sur les massifs du Westerwald et de l'Eifel, de l'Hunsrück et du Pfälzer Wald, il est possible d'associer œnologie et voyage dans le temps: en visitant les édifices romains de Trèves, les cathédrales impériales de Mayence, Spire et Worms, ou encore l'un des pittoresques châteaux des bords du Rhin et de la Moselle. Ce Land, qui compte par ailleurs une soixantaine de stations thermales, est particulièrement animé lors du célèbre carnaval de Mayence.

Am Deutschen Eck bei Koblenz mündet die Mosel in den Rhein (oben). Von den Uferanlagen aus hat man einen schönen Blick auf beide Flüsse (unten).

At the Deutsches Eck near Koblenz, the Mosel is confluent with the Rhine (top). There is a lovely view of the two rivers from the banks (bottom).

Le Deutsches Eck, au confluent du Rhin et de la Moselle, près de Coblence (en haut). Assis sur la berge, on peut embrasser du regard les deux fleuves (en bas).

Vorangehende Doppelseite: Der sagenumwobene Felsen der Loreley liegt bei Sankt Goarshausen wo die Burg Katz hoch über dem Rhein thront.

Previous double pag The legendary Lorel cliffs lie near Sankt Goarshausen, wher the Castle Katz reig high over the Rhine.

Double page précédente: le légendaire cher de la Lorelei et l château fort de Katz Sankt Goarshausen sur les bords du Rhi

*Der Mainzer Dom,
ein Meisterwerk der
Romanik, konnte
1975 sein 1000jähri-
ges Bestehen feiern.*

*The Mainz Cathedral,
a Romanesque
masterpiece, cele-
brated 1000 years of
its existence in 1975.*

*La cathédrale de
Mayence, un chef-
d'œuvre de l'art ro-
man, a fêté son millé-
naire en 1975.*

*Vorangehende Dop-
pelseite: Der Markt-
platz von Mainz ist
sommers wie winters,
beim Karneval oder
einem Freiluftkonzer
eine schöne Kulisse.*

*Previous double page
Summer and winter,
the market square in
Mainz is a lovely
backdrop for carniva
celebrations or for an
open-air concert.*

*Double page précé-
dente: été comme hi-
ver, lors du carnaval
ou d'un concert en
plein air, la place du
Marché de Mayence
est très animée.*

Die Porta Nigra, das «Schwarze Tor» in Trier, erinnert an die römischen Gründer der Stadt.

Trier's Porta Nigra, the «Black Gate», evokes the city's Roman founders.

La Porta nigra (porte noire) de Trèves rappelle que la ville fut fondée par les Romains.

Die Römische Basilika in Trier wurde vermutlich um 300 von Kaiser Konstantin dem Großen als Teil eines Palastes erbaut.

The Roman basilica in Trier was probably built around the year 300 by the Emperor Constantine the Great as part of his palace.

La basilique de Trèves. Construite vers l'an 300, elle faisait probablement partie du palais de Constantin le Grand.

Oben und unten: Je-
des Jahr im September
steht Bad Dürkheim
an der Weinstraße
zwei Wochen lang
ganz im Zeichen
seines Weinfestes.

Top and bottom:
Every September,
Bad Dürkheim on the
Wine Route is under
the influence of its
wine festival for a
period of two weeks.

La fête du vin de Bad
Dürkheim, sur la
Route allemande des
vins, est organisée
tous les ans en septem-
bre et dure deux
semaines.

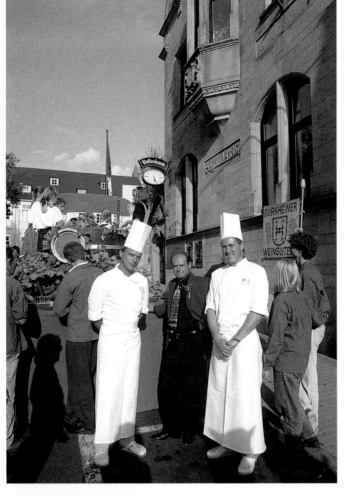

Folgende Doppelseite:
Bereits im 8. Jahr-
hundert wurde
Freinsheim an der
Weinstraße in den
Chroniken als Wein-
bauort verzeichnet.

Following double
page: As early as
the 8th century,
Freinsheim on the
Wine Route was
recorded as a wine
growing area.

Double page sui-
vante: Freinsheim et
son vignoble, situés
sur la Route des vins,
sont déjà mentionnés
dans une chronique
du VIIIᵉ siècle.

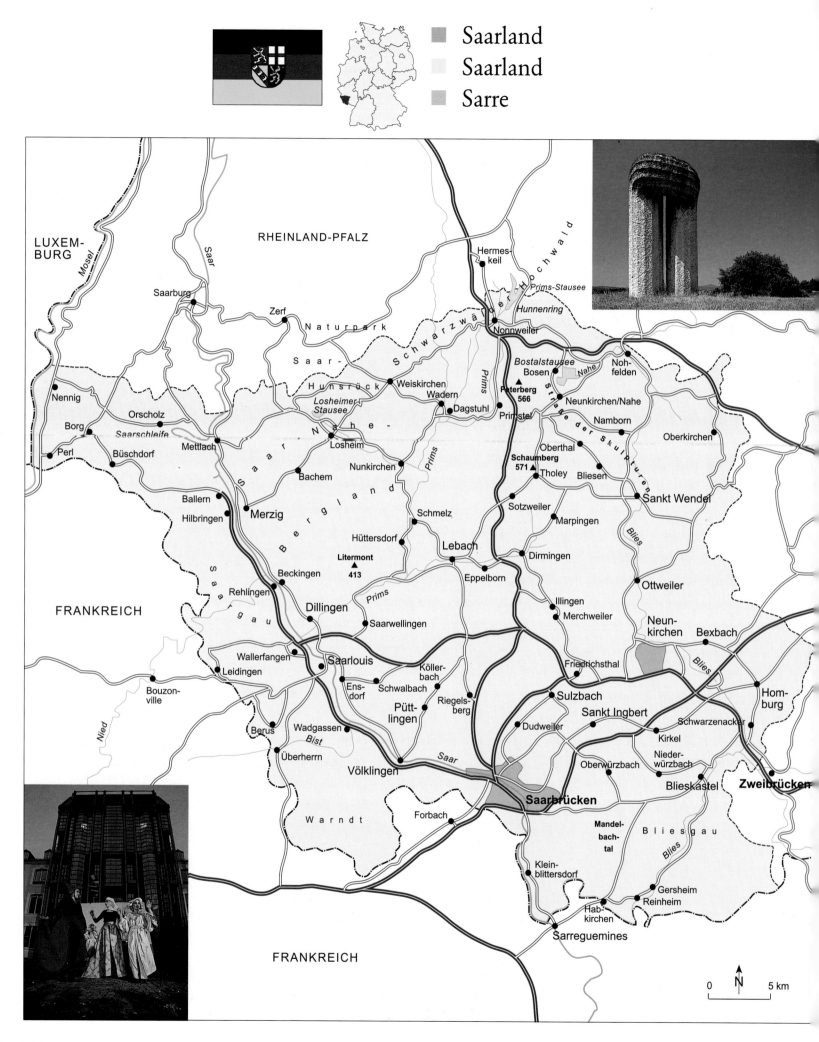

Saarland
Saarland
Sarre

LUXEM-
BURG

RHEINLAND-PFALZ

Mosel

Saar

Hermes-
keil

der Hochwald

Saarburg

Zerf

Naturpark

Prims-Stausee

Hunnenring

Saar-

Schwarzwä

Nonnweiler

Bostalstausee
Bosen

Nahe

Noh-
felden

Nennig

Hunsrück

Weiskirchen

Wadern

Prims

Paterberg
566

Neunkirchen/Nahe

Orscholz

Losheimer
Stausee

Dagstuhl

Primstal

Namborn

Oberkirchen

Borg

Saarschleife

Nahe-

Mettlach

Losheim

Oberthal

Bliesen

Perl

Büschdorf

Bachem

Nunkirchen

Prims

Schaumberg
571

Tholey

Sankt Wendel

Ballern

Bergland

Schmelz

Sotzweiler

Straße der Skulpturen

Hilbringen

Merzig

Hüttersdorf

Lebach

Marpingen

Bliesa

Litermont
413

Dirmingen

Ottweiler

Beckingen

Eppelborn

Rehlingen

Prims

Illingen

Neunkirchen

Bexbach

Saargau

Dillingen

Merchweiler

FRANKREICH

Saarwellingen

Friedrichsthal

Bliess

Wallerfangen

Saarlouis

Köller-
bach

Homburg

Leidingen

Ens-
dorf

Schwalbach

Sulzbach

Sankt Ingbert

Schwarzenacker

Bouzon-
ville

Riegels-
berg

Pütt-
lingen

Dudweiler

Kirkel

Nied

Berus

Wadgassen

Bist

Niederwürzbach

Blieskastel

Zweibrücken

Überherrn

Völklingen

Saar

Oberwürzbach

Saarbrücken

Warndt

Forbach

Mandel-
bach-
tal

Bliesgau

Blies

Klein-
blittersdorf

Gersheim

Reinheim

Hab-
kirchen

Sarreguemines

FRANKREICH

0   N   5 km

204

Das 2567 Quadratkilometer große, dicht besiedelte Saarland trat der Bundesrepublik erst 1957 bei, zwei Jahre, nachdem sich die Bevölkerung in einer Volksabstimmung gegen die seit 1947 bestehende Wirtschaftsunion mit Frankreich ausgesprochen hatte. Die Nähe und die zeitweise Zugehörigkeit zu Frankreich prägen jedoch auch heute noch den Lebensstil und die Kultur des Landes – nicht nur in der Hauptstadt Saarbrücken. Im Lauf der Geschichte war die Saarregion mehr als einmal der Zankapfel zwischen Deutschland und Frankreich gewesen. Streitwert waren die reichen Kohlevorkommen von der Saar bis Neunkirchen und die bedeutende Eisen- und Stahlindustrie. Die Ära der rauchenden Schlote und Hochöfen, lange Zeit Sinnbilder der Saarindustrie, geht zu Ende. Doch das hochindustrialisierte Bundesland ist entschlossen, auch diesen gravierenden Strukturwandel zu meistern.

Unweit der Industrieorte, wo die meisten der rund eine Million Saarländer leben, findet man unvermutet idyllische Flußlandschaften, Wald- und Wiesenterrassen östlich der Saar und die bewaldeten Hügel des Saar-Nahe-Berglandes westlich des Flußtals. Drei Stauseen gibt es im Norden des Landes.

Auch wenn das Saarland als politische Einheit jung ist, seine Geschichte ist alt. Davon erzählen Funde aus der Steinzeit, römische und keltische Ausgrabungen, mittelalterliche Burgen und prunkvolle Barockbauten. Ein Beispiel für die lebendige moderne Kulturszene ist die «Straße der Skulpturen» bei Sankt Wendel, ein 25 Kilometer langer Rundweg mit Plastiken zeitgenössischer Künstler aus aller Welt: Völkerverständigung im Zeichen der Kunst – ein schönes Motiv für ein Grenzland!

The 1,000-square-mile Saarland did not join the Federal Republic until 1957, two years after the population voted in a national referendum against the economic union with France, which had taken effect in 1947. The proximity to and the former attachment with France still mark the way of life and culture of the state – and not just in its capital of Saarbrücken. In the course of its history, the Saar region was more than once the bone of contention between France and Germany. The causes were the rich coal beds between the Saar and Neunkirchen as well as the important iron and steel industries. The era of smoking chimneys and blast furnaces, long the symbol of Saar industry, is ending. Yet the highly industrialized state is determined to master this fundamental change in its structure.

Not far from the industrial areas, where the majority of the approximately one million Saarland inhabitants live, are unsuspected idyllic riverscapes, terraced woods and meadows east of the Saar, and the wooded hills of the Saar-Nahe highlands west of the river valley. Even though the Saarland is young, from the point of view of its political unity, its history is old. Stone age discoveries bear witness to this, as do Roman and Celtic excavations, medieval castles and magnificent baroque buildings. An example of the modern art scene is the «Straße der Skulpturen» (Street of Sculptures) near Sankt Wendel, a 16-mile-long circuit with statues by contemporary artists from all over the world.

Couvrant 2 567 kilomètres carrés et densément peuplée, la Sarre ne fait partie de la République fédérale que depuis 1957: deux ans auparavant, la population s'était en effet prononcée lors d'un référendum contre l'union économique qui la liait à la France depuis 1947. La proximité de la France et les phases durant lesquelles la Sarre fut française ont néanmoins laissé des traces dans la culture et le mode de vie – et cela pas uniquement à Sarrebruck, la capitale. Si la France et l'Allemagne se sont à plusieurs reprises disputé la Sarre, c'est notamment du fait de ses riches gisements de charbon et de son importante industrie sidérurgique. Mais l'ère des hauts-fourneaux et des cheminées crachant la fumée est presque révolue, et le Land de Sarre, très industrialisé, est bien décidé à relever le nouveau défi que pose sa restructuration.

Non loin des villes industrielles, où vivent la plupart des quelque 500 000 Sarrois, on est étonné de découvrir de charmants paysages, tels que les forêts et prairies en terrasses s'étirant à l'est de la Sarre, les monts boisés s'élevant à l'ouest de la rivière, ou encore les trois lacs de retenue du nord du Land.

Jeune entité politique, la Sarre possède cependant un long passé historique, comme en témoignent divers vestiges préhistoriques, celtiques et romains trouvés lors de fouilles, ainsi que plusieurs châteaux forts et édifices baroques. Un exemple de la vitalité de l'art moderne en Sarre: la «Route des sculptures», près de Saint-Wendel, le long de laquelle sont exposées des œuvres d'artistes internationaux. L'art vecteur de l'amitié entre les peuples, voilà une bonne idée dans une région frontalière!

Oben und unten: An der Saar kann man es sich gutgehenlassen: sei es im Ausflugsboot oder in einem Biergarten in Saarbrücken.

Top and bottom: Living is easy along the Saar: be it on a boating excursion or in a Saarbrücken beer garden.

Il fait bon vivre en Sarre: on peut y faire des promenades en bateau ou savourer une bière dans un des Biergärten de Sarrebruck.

Vorangehende Doppelseite: Bei Mettlach im Norden des Bundeslandes macht die Saar eine große Schleife.

Previous double page Near Mettlach in the north of the state, the Saar makes a large ox-bow.

Double page précédente: près de Mettlach, dans le nord du Land, la Sarre décrit un grand méandre.

Das Freilichtmuseum des kleinen Städtchens Schwarzenacker bei Homburg zeigt römische Ausgrabungen.

The open-air museum of the little town of Schwarzenacker near Homburg displays Roman excavations.

Le musée de plein air de la petite ville de Schwarzenacker, près d'Homburg, expose des vestiges romains.

Vorangehende Doppelseite: Ein beliebtes Ausflugsziel der Saarländer ist der Bostalsee im Norden des Bundeslandes.

Previous double page A popular excursion destination for the Saarland inhabitant is Bostal Lake in the state's north.

Double page précédente: le lac Bostalsee dans le nord du Land, est un des lieux d'excursion favoris des Sarrois.

Kunstschätze in Saarbrücken: Die Alte Sammlung im Saarlandmuseum (oben) und die barocke Ludwigskirche (unten).

Art treasures in Saarbrücken: The Old Collection in the Saarland Museum (top) and the baroque Church of St. Ludwig (bottom).

Parmi les trésors artistiques de Sarrebruck: les sculptures de l'Alte Sammlung du musée de la Sarre (en haut), et l'église baroque St Louis (en bas).

Folgende Doppelseite: Die Ludwigskirche bildet mit den umstehenden Barockhäusern ein schönes Architekturensemble.

Following double page: The Church of St. Ludwig and the baroque houses form a charming architectural ensemble.

Double page suivante: St Louis et les maisons baroques qui l'entourent forment un remarquable complexe architectural.

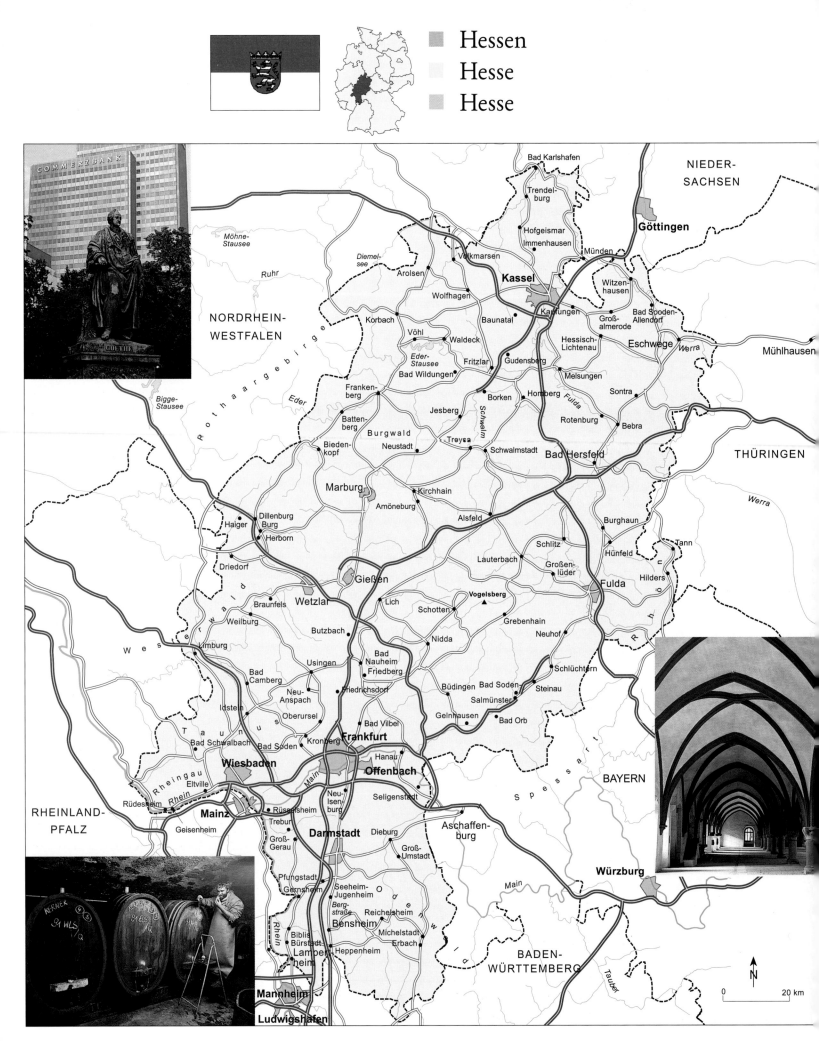

Hessen
Hesse
Hesse

NIEDER-
SACHSEN

Göttingen

NORDRHEIN-
WESTFALEN

Möhne-
Stausee

Ruhr

Diemel-
see

Bad Karlshafen

Trendel-
burg

Hofgeismar
Immenhausen

Münden

Volkmarsen

Arolsen

Witzen-
hausen

Wolfhagen

Kassel

Baunatal

Kaufungen

Groß-
almerode

Bad Sooden-
Allendorf

Korbach

Vöhl

Waldeck

Hessisch-
Lichtenau

Eschwege

Werra

Mühlhausen

Eder-
Stausee

Bad Wildungen

Fritzlar

Gudensberg

Melsungen

Sontra

Frankenberg

Borken

Homberg

Fulda

Bigge-
Stausee

Eder

Battenberg

Jesberg

Rotenburg

Bebra

Rothaargebirge

Biedenkopf

Neustadt

Burgwald

Treysa

Schwalm

Schwalmstadt

Bad Hersfeld

THÜRINGEN

Marburg

Kirchhain

Amöneburg

Alsfeld

Burghaun

Werra

Haiger

Dillenburg
Burg

Herborn

Schlitz

Hünfeld

Tann

Driedorf

Lauterbach

Großen-
lüder

Hilders

Gießen

Fulda

Braunfels

Wetzlar

Lich

Vogelsberg

Weilburg

Schotten

Grebenhain

Butzbach

Nidda

Neuhof

Limburg

Bad
Nauheim
Friedberg

Schlüchtern

Usingen

Bad
Camberg

Neu-
Anspach

Friedrichsdorf

Büdingen

Bad Soden

Steinau

Idstein

Oberursel

Salmünster

Gelnhausen

Bad Orb

Bad Vilbel

Bad Schwalbach

Bad Soden

Kronberg

Frankfurt

BAYERN

Wiesbaden

Hanau

Offenbach

Rheingau

Eltville

Rüdesheim

Rhein

Mainz

Neu-
Isen-
burg

Seligenstadt

Würzburg

RHEINLAND-
PFALZ

Geisenheim

Rüsselsheim

Trebur

Darmstadt

Dieburg

Aschaffen-
burg

Groß-
Gerau

Groß-
Umstadt

Spessart

Pfungstadt

Gernsheim

Seeheim-
Jugenheim

Main

Berg-
straße

Reichelsheim

Biblis
Bürstadt

Bensheim

Michelstadt

Erbach

Lampert-
heim

Heppenheim

BADEN-
WÜRTTEMBERG

Tauber

Mannheim

Ludwigshafen

N

0   20 km

Das 21 114 Quadratkilometer große Bundesland Hessen ist die Verkehrsdrehscheibe Deutschlands: Zu Wasser, zu Land und in der Luft. So mündet südlich der eleganten Landeshauptstadt Wiesbaden der Main in den Rhein, und im Großraum Frankfurt kreuzen sich Europas bedeutende Fernstraßen und internationale Luftfahrtrouten. In diesem urbanen Ballungsgebiet konzentrieren sich auch Hessens Wirtschaft und Industrie, allen voran in der Banken- und Finanzmetropole Frankfurt, der Automobilstadt Rüsselsheim und im Frankfurter Vorort Höchst.

Gleichzeitig ist Hessen aber auch ein traditionsreiches Land, wovon idyllische Fachwerkstädte ebenso berichten wie imposante Kirchenbauten. Das ehemalige Zisterzienserkloster Eberbach bei Eltville im Rheingau gilt als eine der besterhaltenen Klosteranlagen des Mittelalters. In Marburg wurde 1527 die erste protestantische Universität gegründet, während Fulda, die Stadt mit dem großen barocken Dom, eine Hochburg der katholischen Kirche blieb. Ein Mekka der zeitgenössischen Kunst und ihrer Liebhaber ist die ehemalige Residenzstadt Kassel mit der international renommierten «documenta».

Hessen darf sich mit rund 40 Prozent Waldfäche zu den «grünsten» Bundesländern der Republik zählen. Abwechslungsreiche Landschaften bestimmen das Bild: Vom lieblichen Rheingau mit seinen sonnigen Weinlagen zu den waldreichen Hängen des Taunus, vom Vulkanbergland des Vogelsbergmassivs zu den rauhen Basaltkuppen der Rhön. Vom Klima besonders begünstigt sind die Weinbaugebiete am Rhein und Hessens Obstgarten, die Bergstraße, die im Frühling eine einzigartige Blütenpracht entfaltet.

The 8,250-square-mile state of Hesse is Germany's triple traffic junction – by water, land and sea. Thus, south of the elegant state capital of Wiesbaden, the Main has its confluence with the Rhine, and in metropolitan Frankfurt the most important highways and international air routes of Europe cross. In this region, Hesse's business, trade and industry is also concentrated: in the financial metropolis of Frankfurt, the automobile city of Rüsselsheim, and in the Frankfurt suburb of Höchst.

At the same time, Hesse is a state rich in tradition, whose beautiful half-timbered cities and imposing church buildings charm the eye. The former Cistercian cloister of Eberbach in Rheingau is considered one of the best preserved cloisters of the Middle Ages. The first Protestant university was founded in Marburg in 1527, whereas Fulda, the city with the great baroque cathedral, remained a Roman Catholic stronghold. A Mecca of contemporary art and its admirers, however, is the former Residence city of Kassel and its «documenta». Hesse, with its 40 percent sylvan and agrarian surface, can count itself among the «greenest» of states in the republic. Varied landscapes dominate, from gentle Rheingau with its sunny terraced vineyards to the wooded slopes of the Taunus Mountains, from the volcanic Vogelsberg massif to the Rhön's basalt brows. The vineyards on the Rhine and Hesse's fruit garden, the Bergstraße, are especially privileged by the climate, and in spring a unique splendour of blooms unfolds.

La Hesse (21 114 kilomètres carrés et environ 5,5 millions d'habitants) est la plaque tournante du trafic fluvial, routier et aérien en Allemagne: le Rhin et le Main confluent au sud de Wiesbaden, et c'est dans l'agglomération et à l'aéroport de Francfort que se croisent les grandes autoroutes européennes et diverses lignes aériennes internationales. C'est également dans cette mégapole qu'est concentrée l'économie de la Hesse: à Francfort, cité des banques et de la finance; à Rüsselsheim, ville de l'automobile; et à Höchst, banlieue de Francfort où est implantée l'industrie chimique.

Mais la Hesse est aussi un Land qui a derrière lui une longue tradition. On y trouve notamment des églises imposantes, des villes aux nombreuses maisons à colombages, ainsi que l'abbaye cistercienne d'Eberbach dans le Rheingau – l'une des mieux conservées d'Europe. C'est à Marburg que fut fondée en 1527 la première université protestante, alors que Fulda, où s'élève une grande cathédrale baroque, restait un fief de l'église catholique. Quant à Kassel, ancienne résidence princière, elle apparaît aujourd'hui comme une véritable mecque de l'art contemporain, puisque la «documenta» y est en effet organisée tous les quatre ans environ.

Avec quelque 40 pour cent de sa surface occupés par les forêts et les terres agricoles, la Hesse compte parmi les Länder les plus «verts». Les paysages que l'on y rencontre sont très variés: collines boisées du Taunus et vignobles du Rheingau, massifs volcaniques du Vogelsberg et dômes basaltiques de la Rhön. Le climat est par ailleurs favorable aux vignobles des côtes du Rhin et aux nombreux vergers.

221

Direkt am Rhein bei Wiesbaden liegt das Barockschloß Biebrich.

The baroque castle of Biebrich near Wiesbaden lies direct-ly on the Rhine.

Le château baroque d Biebrich, près de Wiesbaden, se dresse sur les bords du Rhin.

Die Orangerie im Schloßpark der ost-hessischen Bischofs-stadt Fulda.

The Orangery in the castle park of the Eas Hessian episcopal se of Fulda.

L'orangerie construi dans le parc du châ-teau de la ville épisco pale de Fulda.

Die Elisabethkirche in Marburg an der Lahn war das erste rein gotische Bauwerk Deutschlands. Sie wurde ab 1235 über dem Grab der heiligen Elisabeth errichtet.

The Elizabeth Church in Marburg on the Lahn was the first purely Gothic building in Germany. It was built, starting in 1235, over the grave of Saint Elizabeth.

Construite à partir de 1235, l'église Sainte-Élisabeth de Marburg, ville située sur la Lahn, est le premier édifice purement gothique érigé en Allemagne.

Das Frankfurter Messegelände zieht jedes Jahr rund drei Millionen Besucher aus aller Welt an. Publikumsliebling ist die Buchmesse – und das bereits seit dem 16. Jahrhundert.

The Frankfurt exhibition site annually draws three million visitors from all over the world. The book fair has been the public's favourite since th 16th century.

Près de trois millions de visiteurs du monde entier se rendent chaque année au parc des expositions de Francfort où a lieu entre autres la célèbre foire du livre, qui existe depuis le XVIe siècle.

Oben: Das Kaiser-
Wilhelm-Bad in
Bad Homburg.
Unten: Der völlig
rekonstruierte Römer-
berg mit dem goti-
schen Rathaus im
Herzen Frankfurts.

Top: The Emperor
Wilhelm Baths in
Bad Homburg.
Bottom: The com-
pletely reconstructed
Römerberg with the
Gothic Town Hall
in Frankfurt.

Ci-dessus: le Kaiser-
Wilhelm-Bad, éta-
blissement thermal
de Bad Homburg.
Ci-dessous: le Römer,
hôtel de ville gothique
de Francfort, recons-
truit après la guerre.

Folgende Doppel-
seite: «Manhattan
am Main», Banken-
hochhäuser in der
Frankfurter City.

Following double
page: «Manhattan
on the Main», ban-
king skyscrapers in
the city centre of
Frankfurt.

Double page sui-
vante: «Manhattan-
sur-le-Main» ou les
gratte-ciel du centre
de Francfort.

Das klassizistische
Wiesbadener Kur-
haus wird heute gern
für repräsentative
Anlässe genutzt.

Wiesbaden's classical
spa building often
serves for special
events.

L'établissement ther-
mal de Wiesbaden,
de style néo-classique,
offre aujourd'hui un
cadre somptueux
à divers types de
manifestations.

Die Sektkellerei
Henkell in Wiesbaden
ließ sich zu Beginn des
20. Jahrhunderts die-
sen prunkvollen Mar-
morsaal errichten.

The champagne
cellars of Henkell in
Wiesbaden had this
splendid marble hall
built at the beginning
of the 20 th century.

Salle de marbre presti-
gieuse, aménagée au
début du siècle à
Wiesbaden par les
caves Henkell, fabri-
cant de vin mousseux.

228

Rüdesheim ist für viele der Inbegriff einer romantischen Weinstadt am Rhein und lockt deshalb auch zahlreiche Besucher an.

For many, Rüdesheim is the quintessence of a romantic wine city on the Rhine – and therefore attracts tourists in droves.

Rüdesheim, ville romantique, située au cœur d'un célèbre vignoble des côtes du Rhin: deux atouts qui lui valent la faveur des touristes.

Folgende Doppelseite: Über den Weinhängen von Kiedrich im Rheingau thront die mittelalterliche Burgruine Scharfenstein.

Following double page: the medieval castle ruins of Scharfenstein sit in state over the sloping vineyards of Kiedrich in Rheingau.

Double page suivante: ruines du château médiéval de Scharfenstein, dominant le vignoble de Kiedrich, dans le Rheingau.

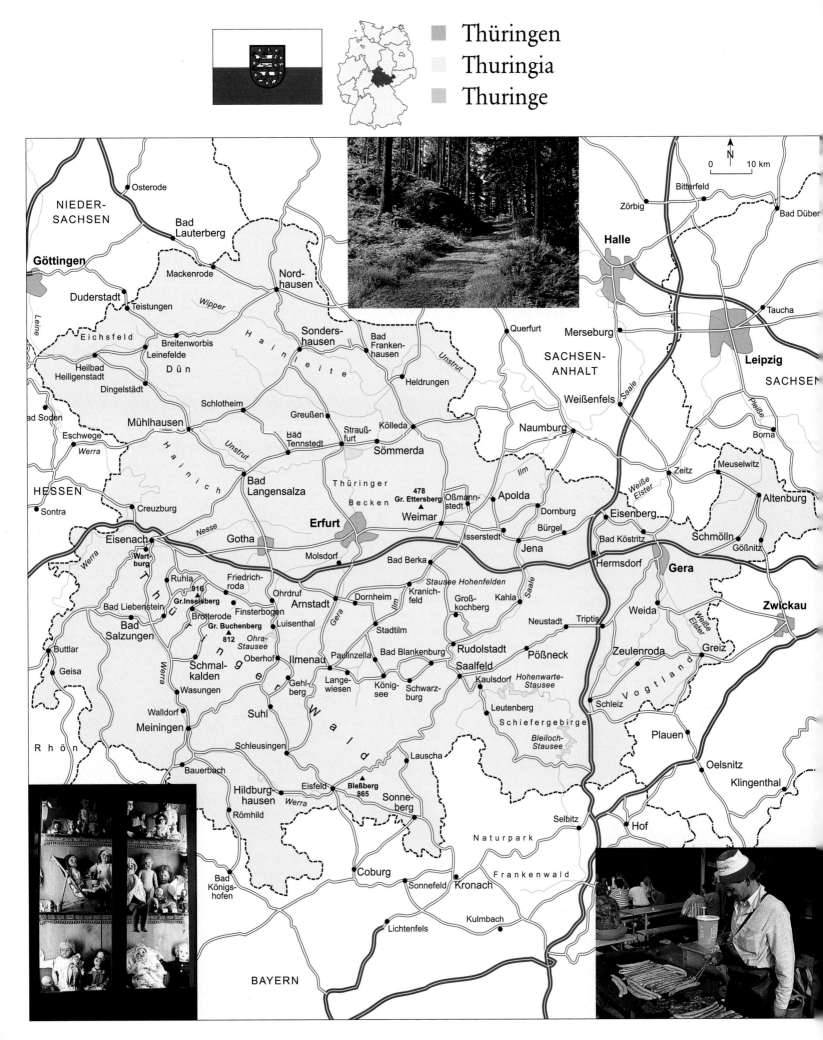

Thüringen
Thuringia
Thuringe

NIEDER-
SACHSEN

Osterode

Göttingen

Bad
Lauterberg

Mackenrode

Nord-
hausen

Duderstadt

Teistungen

Wipper

Eichsfeld

Breitenworbis

Sonders-
hausen

Bad
Franken-
hausen

Querfurt

Halle

Bitterfeld

Zörbig

Bad Düber

Leinefelde

Dün

Hainleite

Unstrut

Merseburg

SACHSEN-
ANHALT

Taucha

Heilbad
Heiligenstadt

Dingelstädt

Schlotheim

Greußen

Heldrungen

Weißenfels

Saale

Leipzig

ad Soden

Mühlhausen

Hainich

Unstrut

Bad
Tennstedt

Strauß-
furt

Kölleda

Naumburg

SACHSEN

Eschwege

Werra

Sömmerda

Borna

Bad
Langensalza

Thüringer

Ilm

Zeitz

Meuselwitz

HESSEN

Sontra

Creuzburg

Nesse

Becken

Gr. Ettersberg

478

Oßmann-
stedt

Apolda

Dornburg

Weiße
Elster

Eisenberg

Altenburg

Erfurt

Weimar

Bürgel

Bad Köstritz

Schmölln

Eisenach

Gotha

Isserstedt

Jena

Gößnitz

Wartburg

Werra

Molsdorf

Bad Berka

Hermsdorf

Gera

Ruhla

Friedrich-
roda

Saale

Zwickau

916

Gr.Inselsberg

Ohrdruf

Dornheim

Stausee Hohenfelden

Kranich-
feld

Kahla

Weida

Bad Liebenstein

Brotterode

Finsterbogen

Arnstadt

Groß-
kochberg

Neustadt

Triptis

Weiße
Elster

Greiz

Bad
Salzungen

Gr. Buchenberg

812

Luisenthal

Gera

Stadtilm

Rudolstadt

Pößneck

Zeulenroda

Buttlar

Ohra-
Stausee

Oberhof

Ilmenau

Paulinzella

Bad Blankenburg

Saalfeld

Hohenwarte-
Stausee

Geisa

Schmal-
kalden

Gehl-
berg

Lange-
wiesen

Königs-
see

Schwarz-
burg

Kaulsdorf

Oelsnitz

Werra

Wasungen

Leutenberg

Plauen

Walldorf

Suhl

Schiefergebirge

Schleiz

Vogtland

Klingenthal

Meiningen

Bleiloch-
Stausee

Rhön

Schleusingen

Lauscha

Bauerbach

Hildburg-
hausen

Eisfeld

Bleßberg
865

Sonne-
berg

Selbitz

Hof

Römhild

Werra

Naturpark

Coburg

Frankenwald

Bad
Königs-
hofen

Sonnefeld

Kronach

Kulmbach

Lichtenfels

BAYERN

Buchstäblich im Zentrum der Bundesrepublik – als exakte geographische Mitte gilt ein Punkt auf einer Wiese bei Mühlhausen – liegt das 16 251 Quadratkilometer große Thüringen. Wenn seine 2,5 Millionen Einwohner ihre Heimat gern liebevoll das «grüne Herz Deutschlands» nennen, meinen sie damit jedoch nicht nur den Thüringer Wald, sondern auch all die anderen waldreichen Mittelgebirgslandschaften zwischen der Rhön und dem Harz, vom Werratal bis zum Vogtland.

Das Kerngebiet Thüringens ist das landwirtschaftlich intensiv genutzte Thüringer Becken mit der Landeshauptstadt Erfurt, die an einer seit altersher wichtigen Handelsroute liegt. Entlang dieser Ost-West-Achse reihen sich Städte, deren Namen untrennbar mit deutscher Kultur verbunden sind: Eisenach mit der Wartburg, wo Martin Luther von 1521 bis 1522 lebte; die alte Residenzstadt Gotha; Erfurt, dessen Universität (1392–1816) ein Mittelpunkt des Humanismus und der Reformation war; und Weimar, das Zentrum der deutschen Klassik, wo Herder, Goethe, Schiller und Wieland wirkten. Heute spielen diese Städte als Standorte von Industrie und Handwerk eine bedeutende Rolle für Thüringens Wirtschaft, die durch die optischen Erzeugnisse aus Jena schon früh zu internationalem Ansehen gelangte.

Daß Thüringen jahrhundertelang das Musterland deutscher Kleinstaaterei war, zeigen die zahllosen Städte und Städtchen mit einer Burg, einem Schloß oder einem Herrensitz: Lohnende Ziele für den Fremdenverkehr, der sich bislang vor allem auf den Thüringer Wald konzentrierte. Übrigens bieten seine Höhen nicht nur herrliche Wanderwege, sondern auch ausgezeichnete Wintersportmöglichkeiten.

Literally in the centre of the Federal Republic – the exact geographical centre is considered to be a meadow near Mühlhausen – is 6,350-square-mile Thuringia. When its 2.5 million inhabitants lovingly refer to their homeland as «Germany's green heart», they mean not only the Thuringian Forest but all the mountain landscapes between the Rhön and the Harz, the Werra Valley and the Vogtland as well.

The nucleus of Thuringia is the extensively cultivated Thuringia Basin, together with the state capital of Erfurt, which is located on the trade axis from Thuringia Pforte to Saxony – an axis of importance since ancient times. Cities whose names cannot be separated from German culture cluster along this east-west axis: Eisenach with the Wartburg, where reformer Martin Luther lived from 1521 to 1522; the old Residence city of Gotha; Erfurt, whose university (1392–1816) was the centre of Humanism and the Reformation; and Weimar, the centre of German classicism, the realm of Herder, Goethe, Schiller and Wieland. Today, as sites for crafts and industry, all these cities play an important role in Thuringia's economy, which early won great international respect arising from Jena's optical products. The numerous cities and villages with a castle, palace or manor house bear witness to the fact that for centuries Thuringia was the model land of particularism: worthy destinations for tourism, which until now has focussed on the Thuringian Forest with its splendid hiking paths and winter sports opportunities.

S'étendant sur 16 251 kilomètres carrés, la Thuringe est au cœur de la République fédérale – dont le centre géographique se trouve dans un champ près de Mühlhausen, au nord-ouest du Land. Lorsque les habitants de Thuringe (2,5 millions) qualifient leur pays de «cœur vert de l'Allemagne», ils ne pensent pas uniquement à la forêt du massif du Thüringer Wald, mais aussi à celles qui s'étendent entre la vallée de la Werra et le Vogtland, et à celles qui couvrent les reliefs du Harz et de la Rhön.

C'est dans le bassin de Thuringe, où l'on pratique l'agriculture intensive, que se trouve la capitale: Erfurt. Cette ville est située sur une importante voie de communication, reliant depuis des temps immémoriaux les portes de Thuringe à Chemnitz, en Saxe. Le long de cet axe est-ouest s'égrènent des villes qui ont marqué en profondeur la culture allemande: Eisenach et le château de Wartburg, où Martin Luther séjourna en de 1521 à 1522; Gotha, ancienne résidence princière; Erfurt, dont l'université (1392–1816) fut un des foyers de l'Humanisme et de la Réforme; et enfin Weimar, centre du Classicisme allemand, où s'illustrèrent Herder, Goethe, Schiller et Wieland. Ces villes jouent aujourd'hui un rôle important dans l'économie de la Thuringe – dont les productions sont appréciées depuis longtemps dans le monde entier, en particulier les appareils optiques fabriqués à Iéna.

Les innombrables châteaux, manoirs et châteaux forts disséminés dans le pays, illustrant l'éclatement du pouvoir politique qui caractérisa l'Allemagne pendant des siècles, sont aujourd'hui des attractions touristiques. Le massif du Thüringer Wald offre des sentiers de randonnée et des pistes de ski.

Oben: Goethes Haus im Ilmpark in Weimar. Unten: Das Geburtshaus von Johann Sebastian Bach in Eisenach ist heute ein Museum.

Top: Goethe's house in Ilmpark in Weimar. Bottom: The birth house of Johann Sebastian Bach in Eisenach is now a museum.

Ci-dessus: maison de Goethe dans l'Ilmpark à Weimar. Ci-dessous: maison natale de J.-S. Bach à Eisenach, abritant aujourd'hui un musée.

Vorangehende Doppelseite: In der mittelalterlichen Wartburg bei Eisenach übersetzte Martin Luther als erster das Neue Testament ins Deutsche.

Previous double page: In the medieval Wartburg near Eisenach, Martin Luther was the first to translate the New Testament into German.

Double page précédente: c'est au château de Wartburg, près d'Eisenach, que Luther réalisa la première traduction en allemand du Nouveau Testament.

Oben: Der Dom-
platz von Erfurt
ist von Fachwerk-
häusern umgeben.
Unten: Altenburg
feierte 1989 seinen
1000. Geburtstag.

Top: The Cathedral
Square in Erfurt is
surrounded by half-
timbered houses.
Bottom: Altenburg
celebrated its 1000th
anniversary in 1989

Ci-dessus: maisons à
colombages sur la
place de la cathédrale
d'Erfurt.
Ci-dessous: en 1989,
Altenburg a fêté son
millénaire.

Vorangehende Dop-
pelseite: Weimar wa
zu Goethes Zeit das
Zentrum des deut-
schen Geisteslebens.
Die Zentralbiblioth
umfaßt annähernd
80 000 Bände.

Previous double pag
In Goethe's time,
Weimar was the
centre of German
intellectual life. The
central library con-
tains approximately
80,000 volumes.

Double page précé-
dente: 80 000 vo-
lumes sont rassembl
à la bibliothèque cen-
trale. À l'époque de
Goethe, Weimar éta
le centre spirituel de
l'Allemagne.

Die 32 Fachwerkhäu-
ser auf der Erfurter
Krämerbrücke stam-
men aus dem 17. bis
19. Jahrhundert. Die
Brücke selbst wurde
bereits 1156 erwähnt.

The 32 half-timbered
houses on Erfurt's
Krämerbrücke are
from the 17th to 19th
centuries. The bridge
itself was mentioned
as early as 1156.

Les 32 maisons à
colombages de la
Krämerbrücke, à
Erfurt, construites
entre le XVIIᵉ et le
XIXᵉ siècle. Le pont
est cité dès 1156.

Viele Kleinstädte
Thüringens, wie
Schmölln, haben
sich ihren dörflichen
Charakter bewahrt.

Many of Thuringia's
small towns, such
as Schmölln, have
retained their rustic
character.

De nombreuses petites
villes de Thuringe,
comme Schmölln, ont
conservé leur aspect
villageois.

241

Rechts, links und
unten: Impressionen
vom Rennsteig.
Der Wanderweg hoch
auf dem Kamm des
Thüringer Waldes ist
168 Kilometer lang.

Right, left and bot-
tom: Impressions of
Rennsteig. The hiking
path high on the ridge
of the Thuringian
Forest is exactly
105 miles long.

À droite, à gauche et
bas: le Rennsteig est
un célèbre chemin de
crêtes qui traverse le
massif du Thüringer
Wald, parcourant
168 kilomètres.

Folgende Doppelseite:
Schafe erfreuen sich
an den satten Weiden
im Thüringer Wald.

Previous double page:
Sheep enjoy the
rich grazing in the
Thuringian Forest.

Double page sui-
vante: moutons dans
les pâturages du
Thüringer Wald.

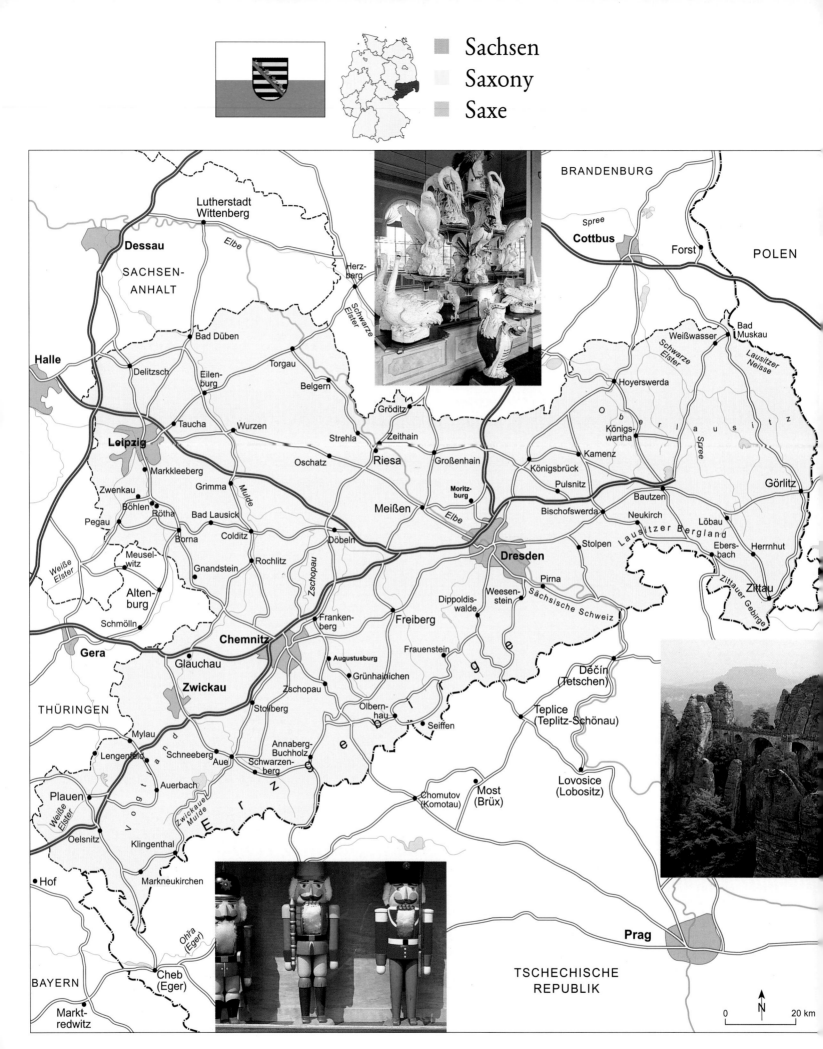

Der Freistaat Sachsen gehört mit 18 300 Quadratkilometern Fläche zu den kleinsten Bundesländern Deutschlands, mit seinen rund 4,5 Millionen Einwohnern hingegen zu den am dichtest besiedelten Regionen Europas. «Florenz an der Elbe» und «Perle des Barock»: So schwärmten Generationen über die sächsische Hauptstadt Dresden, die seit dem Regierungsantritt August des Starken (1670–1733) zu einer europäischen Metropole ersten Ranges ausgebaut wurde. Trotz der nicht wiedergutzumachenden Kriegszerstörungen rechnet man Dresden heute wieder zu den großen Kunst- und Kulturstädten, wozu seine großartigen Museen ebenso beitragen wie die schön restaurierten Baudenkmäler.

Von Sachsens Blütezeiten zeugen noch viele andere historische Städte wie Bautzen, Freiberg, Görlitz oder Meißen, dessen Porzellanmarke mit den «Blauen Schwertern» weltberühmt ist. Internationales Ansehen genießt selbstverständlich auch Leipzig: als Messe- und Handelsstadt – und durch die Konzerte von Gewandhausorchester und Thomanerchor. Bedeutende Industriestädte sind Chemnitz und Zwickau am Nordrand des Erzgebirges, der ehemals so bedeutenden sächsischen Bergbauregion.

Doch Sachsen ist nicht nur Wirtschaft, Kunst und Kultur, es ist einfach auch ein schönes Land: Mit den einzigartigen Felsformationen der Sächsischen Schweiz, den Weinbergen des Elbtals zwischen Dresden und Meißen, den von mittelalterlichen Burgen bewachten Tälern der Flüsse Mulde, Zschopau oder Elster, der herb-schönen Bergwelt des Erzgebirges, der Oberlausitz mit ihren ausgedehnten Teich- und Waldlandschaften, dem lieblichen Lausitzer Bergland oder dem zerklüfteten Zittauer Gebirge.

The 7,200-square-mile Free State of Saxony is one of the smallest states in Germany, but its approximately 4.5 million inhabitants make it one of the most populous regions in Europe. «Florence on the Elbe» and «Pearl of the Baroque» and: generations have enthused thus over the Saxon capital of Dresden, which, consequent upon the accession to the throne of Augustus the Strong (1670–1733), became an eminent European metropolis. Despite irreparable destruction during the war, Dresden is again considered one of the great art and cultural cities, with splendid museums and some well restored buildings.

Many other historical cities bear witness to Saxony's heyday, such as Bautzen, Freiberg, Görlitz and Meissen, whose porcelain mark with the «Blue Swords» is known the world over. Leipzig of course enjoys international respect, as a trade fair and trading city – as well as for the concerts performed by the Gewandhaus orchestra and Thoman choir. Chemnitz and Zwickau are important industrial cities on the northern edge of the Erz Mountain Range, formerly Saxony's important mining centre. But Saxony is not just business, art and culture, it is quite simply a beautiful country, displaying the unique cliff formations of Saxon Switzerland, the Elbe valley vineyards between Dresden and Meissen, the valleys of the Mulde, Zschopau and Elster rivers, guarded by medieval castles, the Oberlausitz with its extensive landscape of ponds and woods, the gentle Lausitz mountain regions and the Zittau Mountain Range.

Ne couvrant que 18 300 kilomètres carrés, l'«État libre» de Saxe est certes l'un des plus petits Länder de République fédérale, mais avec une population d'environ 4,5 millions d'habitants, il compte parmi les régions les plus densément peuplées d'Europe. Dresde, la capitale saxonne, a pendant longtemps été qualifiée de «perle du Baroque» et de «Florence de l'Elbe». C'est Auguste le Fort (1670–1733) qui eut l'initiative des travaux qui allaient faire de Dresde une des belles villes européennes. La guerre a causé des dommages irréparables, mais Dresde compte toujours parmi les grandes métropoles culturelles, notamment grâce à ses remarquables musées et ses monuments superbement restaurés.

Nombreuses sont les autres villes qui témoignent de l'âge d'or de la Saxe: citons seulement Bautzen, Freiberg, Görlitz et Meissen, dont la porcelaine «aux épées entrecroisées» est célèbre dans le monde entier. Quant à Leipzig, sa réputation internationale vient des foires qui y sont organisées et des concerts qui y sont donnés par l'orchestre du Gewandhaus et le chœur de Saint-Thomas. Chemnitz et Zwickau, les principales villes industrielles, sont pour leur part situées à la périphérie nord des monts Métallifères, la région saxonne où se concentraient autrefois les activités d'extraction minière.

Mais la Saxe ne se résume pas à son économie, à son art et à sa culture, la nature y est également superbe: formations rocheuses de la Suisse saxonne, vignobles des côtes de l'Elbe entre Dresde et Meissen, vallées de la Mulde, de la Zschopau et de l'Elster, monts Métallifères, paysages de Haute-Lusace couverts de forêts et parsemés d'étangs, montagnes gracieuses de Lusace ou monts déchiquetés de Zittau.

Ein einmaliges Architekturensemble: Hofkirche, Semperoper, Zwinger und Schloß umrahmen den Theaterplatz in Dresden.

A unique architectural ensemble: Hofkirche, Semper Opera, Zwinger and Castle surround Dresden's Theatre Square.

Entourée de la Hofkirche, du Semperoper, du Zwinger et du château, la place du Théâtre de Dresde forme un remarquabl ensemble architectura

Vorangehende Doppelseite: Vom Basteifelsen in der Sächsischen Schweiz bietet sich ein atemberaubender Ausblick auf die Elbe.

Previous double page There is a breathtaking view of the Elbe from the Bastei cliffs in Saxon Switzerland.

Double page précédente: depuis le belvédère de Bastei, dar la Suisse saxonne, se déploie une vue superbe sur l'Elbe.

Der Dresdner Zwinger, eine der berühmtesten Barockanlagen der Welt, wurde von 1711 bis 1728 als Festanlage für höfische Spiele und Turniere errichtet. Im Bild der Glockenspielpavillon.

Dresden's Zwinger, one of the most famous baroque facilities in the world, was built between 1711 and 1728 for court games and tournaments. In the picture, the Glockenspiel pavilion.

Le Zwinger, à Dresde, l'un des édifices baroques les plus célèbres au monde, fut construit entre 1711 et 1728 pour y organiser les fêtes de la Cour. Ici, le pavillon Glockenspiel.

Der Große Saal im Neuen Gewandhaus in Leipzig bietet 1900 Besuchern Platz und wird für seine gute Akustik gerühmt.

The Great Hall in Leipzig's Neues Gewandhaus, re-nowned for its acoustics, seats up to 1,900 visitors.

La grande salle du Neues Gewandhaus de Leipzig. Elle peut accueillir 1900 per-sonnes et est célèbre pour son excellente acoustique.

Vorangehende Dop-pelseite: Das Barock-schloß Pillnitz bei Dresden ließ August der Starke für seine Geliebte, die Gräfin Cosel, errichten.

Previous double page Augustus the Strong had the baroque castl Pillnitz on the out-skirts of Dresden buil for his mistress, Countess Cosel.

Double page précé-dente: le château de Pillnitz, à la péri-phérie de Dresde, fut construit par l'Élec-teur Auguste le Fort pour sa maîtresse, la comtesse Cosel.

Das Leipziger Opern-
haus von 1959/60
verbindet klassizisti-
sche Elemente mit
der Architektur der
fünfziger Jahre.

Leipzig's Opera, built
in 1959/60 combines
classical elements with
1950's architecture.

L'opéra de Leipzig.
Construit en 1959 et
1960, il associe des
éléments classiques au
style architectural des
années cinquante.

Die festliche Beleuch-
tung läßt die kühle
Architektur des 1981
eingeweihten Neuen
Gewandhauses in
Leipzig erstrahlen.

The cool architecture
of Leipzig's Neues
Gewandhaus, opened
in 1981, appears
radiant with this
festive illumination.

Inauguré en 1981, le
Neues Gewandhaus
de Leipzig, perd un
peu de sa froideur lors-
qu'il est illuminé.

257

Ihre eigene Sprache und Kultur hat die slawische Minderheit der Sorben bewahrt, die in Sachsen in der Oberlausitz leben.

The Slavic Sorbish minority living in Oberlausitz has retained its own language and culture.

Les Sorabes, minorité slave, ont conservé également en Haute-Lusace leur langue et leur culture.

Die ehemalige DDR hatte die Sorben als ethnische Minderheit anerkannt und ihre Traditionen gefördert.

The former East German Democratic Republic had recognized the Sorbs as an ethnic minority and promoted their traditions.

L'ex-RDA avait reconnu aux Sorabes le statut de minorité ethnique et les avait encouragés à cultiver leurs traditions.

Den historischen
Markt der Porzellan-
stadt Meißen säumen
Bürgerhäuser aus
Renaissance und
Neorenaissance.

The historical market
of the porcelain city
Meissen, with its
Renaissance and
Neo-Renaissance
town houses.

Maisons bourgeoises
de style Renaissance et
néo-Renaissance au-
tour de la place du
Marché de Meissen,
ville célèbre pour sa
porcelaine.

Die Statuen der Reformatoren Martin Luther und Philipp Melanchthon (rechts) am spätgotischen St.-Marien-Dom von Zwickau stammen aus dem 19. Jahrhundert.

The statues of the reformers Martin Luther and Philipp Melanchthon (right) on the Late Gothic St. Mary's Cathedral of Zwickau date from the 19th century.

De style gothique flamboyant, la cathédrale Sainte-Marie de Zwickau est ornée de statues des Réformateurs Martin Luther et Philipp Melanchthon (à droite), datant du siècle dernier.

Das Alte Rathaus von Chemnitz wurde in spätgotischer Zeit erbaut und erhielt das reiche Renaissance-portal am Turm als besonderen Schmuck.

The Old Town Hall in Chemnitz was built in the Late Gothic period; the rich Renaissance portal was a special tower ornamentation.

L'ancien hôtel de ville de Chemnitz, fut construit à la fin de l'époque gothique; le portail de la tour, richement décoré, est de style Renaissance.

Folgende Doppelseite: In der Lausitz im Osten Sachsens wird zum Teil noch mit traditionellen Methoden Landwirt-schaft betrieben.

Following double page: In the Lausitz in Saxony's east, traditional agrarian methods are some-times still followed.

Double page sui-vante: l'agriculture traditionnelle a survé-cu dans la Lusace, ré-gion à l'est de la Saxe.

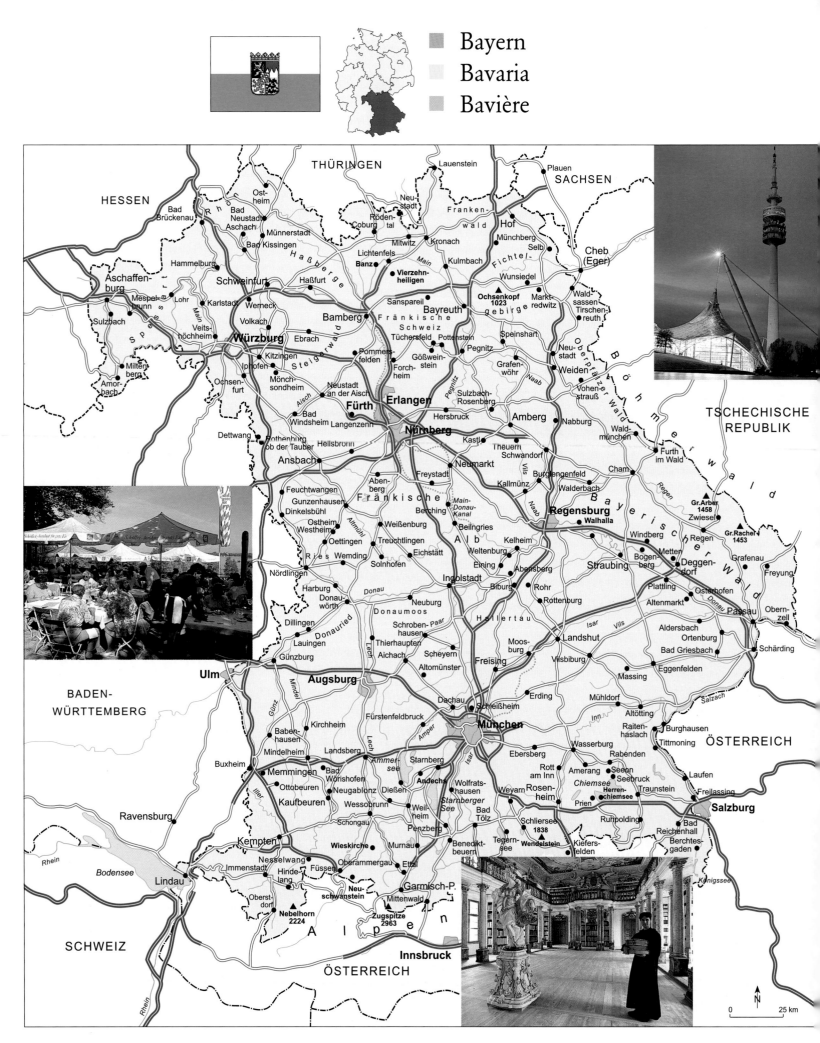

Bayern
Bavaria
Bavière

HESSEN
THÜRINGEN
SACHSEN
Lauenstein
Plauen
Ostheim
Neustadt
Frankenwald
Hof
Bad Brückenau
Bad Neustadt
Aschach
Münnerstadt
Röden-tal
Coburg
Münchberg
Mitwitz
Kronach
Selb
Cheb (Eger)
Bad Kissingen
Lichtenfels
Kulmbach
Wunsiedel
Hammelburg
Haßberge
Banz
Main
Fichtel-
Wald-sassen
Tirschen-reuth
Aschaffenburg
Schweinfurt
Haßfurt
Vierzehn-heiligen
Ochsenkopf 1023
Markt-redwitz
gebirge
Mespel-brunn
Lohr
Karlstadt
Werneck
Sanspareil
Bayreuth
Speinshart
Neu-stadt
Weiden
Sulzbach
Volkach
Bamberg
Fränkische
Schweiz
Vohen-strauß
Veits-höchheim
Würzburg
Ebrach
Tüchersfeld
Pottenstein
Pegnitz
Böhmerwald
Milten-berg
Kitzingen
Pommers-felden
Gößwein-stein
Grafen-wöhr
TSCHECHISCHE
REPUBLIK
Amorbach
Iphofen
Forch-heim
Ochsen-furt
Mönch-sondheim
Neustadt an der Aisch
Erlangen
Sulzbach-Rosenberg
Fürth
Aisch
Bad Windsheim
Langenzenn
Nürnberg
Hersbruck
Amberg
Nabburg
Wald-münchen
Furth im Wald
Dettwang
Rothenburg ob der Tauber
Hellsbronn
Kastl
Theuern
Schwandorf
Cham
Ansbach
Neumarkt
Burglengenfeld
Walderbach
Regen
Bayerischer
Freystadt
Kallmünz
Naab
Gr.Arber 1458
Zwiesel
Feuchtwangen
Aben-berg
Fränkische
Berching
Main-Donau-Kanal
Regensburg
Windberg
Gr.Rachel 1453
Gunzenhausen
Weißenburg
Beilngries
Walhalla
Metten
Dinkelsbühl
Alb
Kelheim
Bogen-berg
Deggen-dorf
Grafenau
Ostheim
Westheim
Oettingen
Treuchtlingen
Eichstätt
Weltenburg
Abensberg
Straubing
Plattling
Osterhofen
Freyung
Ries
Wemding
Solnhofen
Eining
Donau
Rohr
Altenmarkt
Donau
Passau
Obern-zell
Nördlingen
Ingolstadt
Biburg
Rottenburg
Harburg
Neuburg
Donau-wörth
Donaumoos
Hallertau
Aldersbach
Ortenburg
Schärding
Dillingen
Donauried
Schroben-hausen
Paar
Isar
Vils
Bad Griesbach
Lauingen
Thierhaupten
Scheyern
Moos-burg
Landshut
Günzburg
Aichach
Altomünster
Freising
Vilsbiburg
Eggenfelden
Ulm
Augsburg
Lech
Amper
Massing
BADEN-
WÜRTTEMBERG
Dachau
Schleißheim
Erding
Mühldorf
Salzach
Kirchheim
Fürstenfeldbruck
Altötting
Inn
Raiten-haslach
Burghausen
Babenhausen
München
Tittmoning
ÖSTERREICH
Mindelheim
Landsberg
Lech
Ammer-see
Starnberg
Ebersberg
Wasserburg
Rabenden
Buxheim
Rott am Inn
Amerang
Seeon
Laufen
Memmingen
Bad Wörishofen
Dießen
Andechs
Chiemsee
Seebruck
Freilassing
Ottobeuren
Neugablonz
Wolfrats-hausen
Weyarn
Rosen-heim
Herren-chiemsee
Traunstein
Ravensburg
Kaufbeuren
Wessobrunn
Weil-heim
Starnberger
See
Prien
Salzburg
Schongau
Penzberg
Bad Tölz
Schliersee
1838
Ruhpolding
Bad
Reichenhall
Kempten
Wieskirche
Murnau
Benedikt-beuern
Tegern-see
Wendelstein
Kiefers-felden
Berchtes-gaden
Rhein
Bodensee
Nesselwang
Immenstadt
Füssen
Oberammergau
Ettal
Königssee
Lindau
Hinde-lang
Garmisch-P.
Oberst-dorf
Neu-schwanstein
Mittenwald
Nebelhorn 2224
Alpe
Zugspitze 2963
SCHWEIZ
Innsbruck
ÖSTERREICH
Rhein
0   25 km
N

268

Der Freistaat Bayern ist mit einer Fläche von 70 550 Quadratkilometern und bald zwölf Millionen Einwohnern das größte Land der Bundesrepublik und eine ihrer beliebtesten Ferienregionen. Allein die Landeshauptstadt München lockt mit ihren Kunstschätzen und dem Oktoberfest alljährlich Hunderttausende von Besuchern aus aller Welt an. Daß die süddeutsche Metropole außerdem eine bedeutende Industriestadt und das Medienzentrum der Republik ist, wissen meist nur Insider.

Bayern ist traditionell ein Agrarland, von den Almen und Weiden der Alpen im Süden bis zu den fränkischen Weinbaugebieten im Norden. Daran hat auch die in moderner Zeit wirtschaftlich wichtigere High-Tech-, Elektro- und Automobilindustrie letztlich nichts geändert. Über die Hälfte der Landesfläche wird landwirtschaftlich genutzt, ein weiteres Drittes ist Waldland. Damit wirbt man auch um Gäste. Sie zieht es in die Alpen mit Deutschlands höchstem Berg, der Zugspitze, ins Chiemgau und zu den oberbayerischen Badeseen, an die Flußauen von Donau und Main und in die wildromantischen Mittelgebirgslandschaften von Bayerischem Wald, Fränkischer Alb oder Spessart.

Darüber hinaus ist Bayern ein Juwel für Kunstliebhaber: Mit seinen imposanten mittelalterlichen Domen, barocken Klöstern, lichtdurchfluteten Rokokokirchen, klassizistischen Monumentalbauten und Märchenschlössern. Ob in Bischofsstädten wie Regensburg, Bamberg und Würzburg oder alten Reichsstädten wie Augsburg und Nürnberg – es gibt viel zu entdecken in diesem Land, dessen Menschen sich seit jeher mehr zum lebensfrohen Süden als zum (vermeintlich) kühleren Norden hin orientierten.

The Free State of Bavaria, with its surface area of 27,600 square miles and almost twelve million inhabitants, is the largest state in the Federal Republic and one of its favourite holiday regions. The capital of Munich alone, because of its art treasures and the Oktoberfest, annually draws hundreds of thousands of visitors from all over the world. That the metropolis is also an important industrial city and media centre of the Republic is usually known only to insiders.

From the Alps to the Franconian wine growing areas, Bavaria is traditionally an agricultural state. The more important high-tech electronic and automobile industries have changed nothing of this. Over half the surface is used for agrarian purposes, while a third is woodland. And this is how the guests are wooed and won! They are drawn to Germany's highest mountain, the Zugspitze, to Chiemgau and the Upper Bavarian lakes, along the Danube and Main and the wildly romantic highlands of the Bayerischer Wald, the Fränkische Alb and Spessart. In addition to all this, Bavaria is a gem for art lovers: imposing medieval cathedrals, baroque cloisters, light-flooded rococo churches, classical monumental buildings and fairy-tale castles abound. In the bishops' sees such as Regensburg, Bamberg and Würzburg, or old imperial cities such as Augsburg and Nuremberg: there is much to discover in Bavaria, whose inhabitants have always oriented themselves more to the zestful south than to the (allegedly) cooler north.

Avec une superficie de 70 550 kilomètres carrés et près de douze millions d'habitants, l'«État libre» de Bavière est le plus grand des Länder de République fédérale. C'est aussi la région la plus touristique d'Allemagne: grâce à ses trésors artistiques et sa fête de la bière, Munich, la capitale, attire à elle seule tous les ans des centaines de milliers de visiteurs. Le fait que cette métropole du sud de l'Allemagne soit aussi une grande ville industrielle et le centre médiatique du pays est moins connu du grand public.

Traditionnellement, la Bavière est un pays agricole, depuis les alpages du sud jusqu'aux vignobles de Franconie. C'est encore vrai aujourd'hui, même si des secteurs comme les industries de pointe et la construction automobile ont désormais un plus grand poids économique. Une moitié du territoire à vocation agricole, un autre tiers couvert de forêts: voilà de bons arguments touristiques, auxquels il convient d'ajouter les Alpes – avec la Zugspitze, le point culminant d'Allemagne –, le Chiemgau et les lacs de Haute-Bavière, les bords du Danube et du Main, ainsi que les collines romantiques et sauvages de la Forêt bavaroise, du Jura franconien et du Spessart.

Mais la Bavière est aussi un paradis pour les amateurs d'art qui y trouveront d'imposantes cathédrales, des monastères baroques, des églises rococo baignées de lumière, divers monuments néo-classiques, et des châteaux semblant sortir de contes de fées. Il y a donc beaucoup de choses à y découvrir, que ce soit des villes épiscopales comme Ratisbonne, Bamberg ou Würzburg, ou encore d'anciennes cités impériales comme Augsbourg et Nuremberg.

Bayreuth pflegt seine
Musiktradition: im
Rokoko-Opernhaus
(oben) und im Fest-
spielhaus (unten),
wo alljährlich die
Wagnerfestspiele
stattfinden.

Bayreuth cultivates
its musical tradition:
inside the rococo
Opera (top) and in
the Festival Theatre
(bottom) where the
Wagner festivals are
held annually.

Bayreuth a derrière
elle une longue tradi-
tion musicale. C'est
dans l'Opéra de style
rococo (en haut) et le
Festspielhaus (en bas,
que se déroule le
festival Wagner.

Vorangehende Dop-
pelseite: Ein Höhe-
punkt des Barocks ist
die Würzburger
Residenz mit dem
Treppenhaus von
Balthasar Neumann
und den Fresken von
Giovanni B.Tiepolo

Previous double page
The Würzburg
Residenz is one of the
highlights of the ba-
roque style. The stair-
case by Balthasar
Neumann is graced
with frescoes by
Giovanni B.Tiepolo

Double page précé-
dente: le palais des
princes évêques de
Würzburg est un che
d'œuvre de l'art baro
que. L'escalier cons-
truit par Neumann
est décoré de fresques
réalisées par Tiepolo.

Das Grab von Kaiser
Heinrich II. und sei-
ner Frau im Dom in
Bamberg wurde von
Tilman Riemen-
schneider im spätgoti-
schen Stil gestaltet.
Am Pfeiler (rechts im
Bild) sieht man den
«Bamberger Reiter».

The tomb of Emperor
Heinrich II and his
consort in Bamberg's
cathedral was created
Late Gothic style by
T. Riemenschneider.
The «Bamberg horse-
man» can be seen on
the pillar (right).

Tombeau de l'empe-
ur Henri II et de son
épouse dans la ca-
édrale de Bamberg.
Cette œuvre de style
othique flamboyant
est due à Tilman
Riemenschneider.
À droite, le célèbre
valier de Bamberg.

Der «Goldene Saal»
ist der Prunkraum
des Augsburger
Rathauses, das nach
der Zerstörung im
Krieg vollständig
rekonstruiert wurde.

The «Golden Room»
is the stately hall in
Augsburg's Town
Hall, which has been
completely rebuilt
after its destruction
during the war.

La Salle Dorée de
l'hôtel de ville
d'Augsbourg, bâti-
ment Renaissance qui
fut reconstruit après
sa destruction totale
durant la guerre.

Vorangehende Dop-
pelseite: Am Nürn-
berger Hauptmarkt
mit der gotischen
Frauenkirche (rechts,
findet der «Christ-
kindlmarkt» statt.

Previous double page
The Christmas
Market is held
during Advent on
Nuremberg's main
market. The Gothic
Church of Our Lady
on the right.

Double page précé-
dente: marché de No
organisé durant
l'avent sur le parvis
de la Frauenkirche,
église de Nuremberg

276

Das Anfang des 17. Jahrhunderts im Stil italienischer Palazzi erbaute Rathaus ist das Wahrzeichen der Stadt Augsburg.

Augsburg's landmark is the early 17th century Town Hall built in the Italian Palazzo style.

L'hôtel de ville d'Augsbourg, bâti au début du XVIIᵉ siècle dans le style des palais italiens, est l'emblème de la ville.

Rothenburg ob der Tauber hat sein mittelalterliches Aussehen weitgehend bewahrt. Das Rathaus wurde zwischen m 13. und 18. Jahrhundert erbaut.

Rothenburg ob der Tauber has largely etained its medieval appearance. The Town Hall was built etween the 13th and 18th centuries.

Rothenburg ob der Tauber a conservé on aspect médiéval. L'hôtel de ville fut onstruit du XIIIᵉ au XVIIIᵉ siècle.

277

Hinter dem Haid-
platz mit dem Ju-
stitiabrunnen sieht
man die Türme des
gotischen Doms der
Stadt Regensburg.

Behind the Haidplat.
with its Justitia
Fountain, the towers
of Regensburg's
Gothic Cathedral.

Le Haidplatz de
Ratisbonne, avec la
fontaine de la Justice
et les tours de la
cathédrale gothique
à l'arrière-plan.

Vorangehende Dop-
pelseite: Die 1842
vollendete Ruhmes-
halle Walhalla bei
Regensburg ist einem
griechischen Tempel
nachempfunden.

Previous double page
The Walhalla Hall
of Fame near
Regensburg, model-
led on a Greek temple
was completed in the
year 1842.

Double page précé-
dente: le Walhalla d
Ratisbonne, terminé
en 1842, est un
panthéon s'inspiran
des temples grecs.

Am Dreiflüsseeck in Passau vereinigen sich Inn und Ilz mit der Donau zu einem mächtigen Strom.

The Inn and the Ilz rivers merge with the Danube at the Three Rivers Corner in Passau to form a mighty river.

À Passau, l'Inn et l'Ilz se jettent dans le Danube, donnant naissance à un fleuve majestueux.

Von Passau aus kann man weite Radtouren an der Donau machen oder per Boot die drei Flüsse erkunden.

From Passau, it is possible to undertake long bicycle tours along the Danube, or to explore the three rivers by boat.

Passau offre des possibilités de promenades en bateau sur ses trois cours d'eau ou de randonnées à bicyclette le long du Danube.

281

Der Prunksaal der Münchner Residenz ist das zwischen 1569 und 1600 erbaute und ausgeschmückte Antiquarium.

The magnificent central hall of the Munich Residenz is the Antiquarium, built and decorated from 1569 to 1600.

Le gigantesque Antiquarium, construit entre 1569 et 1600, est la salle la plus prestigieuse de la Résidence de Munich.

Besucher aus aller Welt strömen jedes Jahr zum Münchner Oktoberfest, dem größten Volksfest der Welt.

Visitors from all over the world stream to Munich's annual Oktoberfest, the world's largest folk festival.

Chaque année, des visiteurs venus de tous les pays se rendent à la fête de la bière, la plus grande fête populaire au monde.

Blick auf das Alte
Rathaus (links) und
die Heilig-Geist-
Spitalkirche im
Zentrum Münchens.

View of the Old Town
Hall (left) and the
Holy Ghost Hospital
Church in the
centre of Munich.

L'ancien hôtel de ville
(à gauche) et l'église
du St Esprit,
deux édifices du
centre de Munich.

Folgende Doppelseite:
Die wuchtigen Türme
der Frauenkirche be-
herrschen das Stadt-
bild Münchens.

Following double
page: The massive
towers of the Church
of Our Lady dom-
inate the skyline
of Munich.

Double page sui-
vante: les tours de la
Frauenkirche do-
minent Munich.

*Das Fronleichnams-
fest feiert man in
Bayern traditionell
mit einer Prozession.*

*A Corpus Christi
procession is part of
one of Bavaria's
traditional church
festivals.*

*La procession de la
Fête-Dieu fait partie
des traditions reli-
gieuses bavaroises.*

*Seebruck ist ein belieb-
ter Segelhafen am
Nordufer des Chiem-
ees, dem sogenannten
«Bayerischen Meer».*

*Seebruck is a popular
sailboat harbour
on the north shore of
Lake Chiemsee,
the so-called
«Bavarian Sea».*

*Seebruck est un port
de plaisance situé sur
la rive nord du lac
Chiemsee, appelé la
«mer bavaroise».*

287

Oben und unten: Mit
2963 Metern Höhe
ist die Zugspitze der
(vielbesuchte) höchste
Berg Deutschlands.

Top and bottom: The
Zugspitze (9,630 feet)
is the (much visited)
highest mountain
in Germany.

En haut et en bas: la
Zugspitze (2 963 m)
est le point culminant
d'Allemagne.

Folgende Doppelseite:
Mittelalterliche Bur-
gen und Szenerien
aus Wagner-Opern
inspirierten König
Ludwig II. beim Bau
ines Märchenschlos-
ses Neuschwanstein.

Following double
page: Medieval cast-
les and Wagnerian
opera scenery inspired
King Ludwig II
when building his
fairy-tale castle
Neuschwanstein.

Double page sui-
vante: le château de
Neuschwanstein,
conçu par Louis II
inspire des châteaux
forts du Moyen Âge et
de divers décors des
opéras de Wagner.

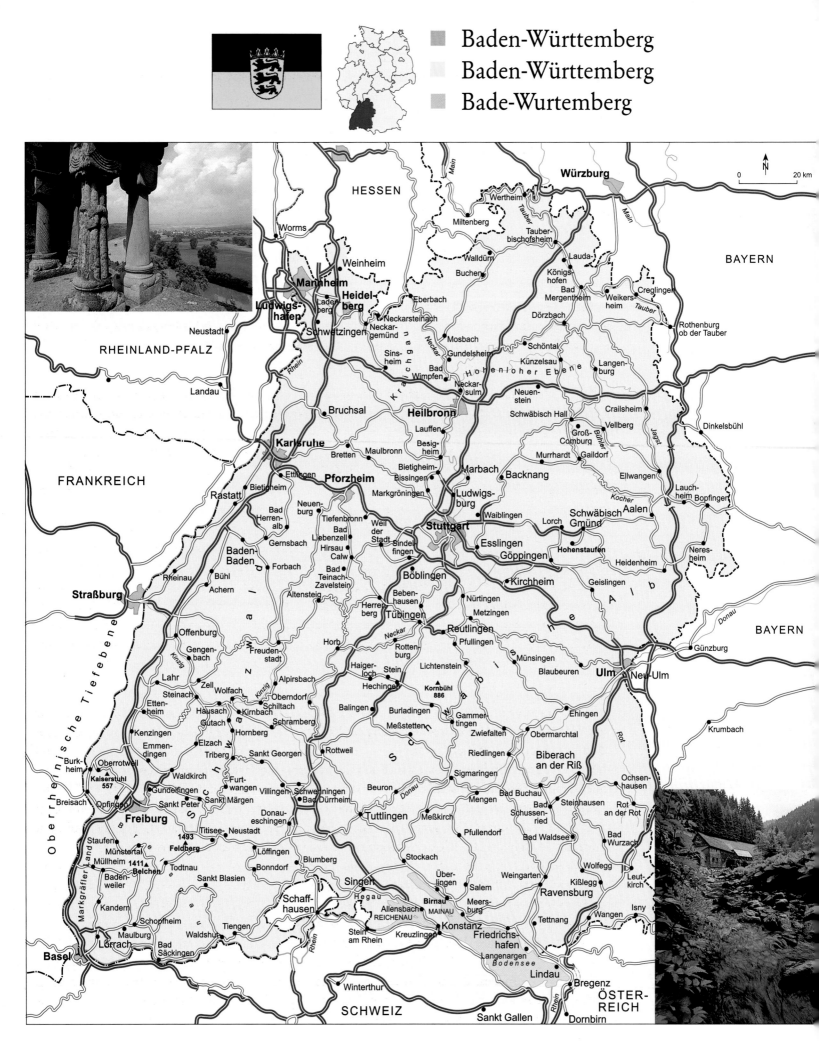

Baden-Württemberg ist mit einer Fläche von 35 751 Quadratkilometern und rund zehn Millionen Einwohnern das drittgrößte Bundesland Deutschlands und gilt – dank des enormen wirtschaftlichen Aufschwungs der letzten Jahrzehnte – auch als «Musterländle» der Nation. Der sprichwörtliche Fleiß seiner Einwohner ist einer der entscheidenden Faktoren dieses Erfolges, der seit der Entwicklung des ersten Automobils durch Gottlieb Daimler und Wilhelm Meybach 1886 unter einem «guten Stern» steht. Industrie und Handel konzentrieren sich in Karlsruhe mit seinem großen Hafen am Rhein, in Mannheim, Heilbronn und Ulm und vor allem in und um Baden-Württembergs Hauptstadt Stuttgart, die auch als Kunst-, Ballett- und Theaterstadt internationales Renommee genießt.

Kunstschätze findet man im ganzen Bundesland: Seien es die romanischen Kirchen am Bodensee, die gotischen Dome in Freiburg und Ulm, das Zisterzienserkloster Maulbronn oder prächtige Barockbauten wie die Abteikirche in Zwiefalten. Die altehrwürdigen Universitätsstädte Heidelberg und Tübingen aber umgibt auch heute noch eine Aura der Romantik längst vergangener Tage.

In Baden-Württemberg lebt man da, wo andere Urlaub machen. Wandern, Baden, Kuren kann man vom Schwarzwald bis zum Bodenseegebiet, am Neckar und im Taubertal. Thermalquellen und Gesundbrunnen sprudeln in 59 Kurorten, deren Spektrum vom mondänen Baden-Baden bis zu kleinen, familiären Kureinrichtungen reicht. Wer seinen Durst aber nicht nur mit Heilwasser löschen will, wird die guten Rebsorten zu schätzen wissen, die im milden Klima Baden-Württembergs heranreifen.

Baden-Württemberg, the third largest state in the Federal Republic of Germany, has a surface area of 14,000 square miles and approximately ten million inhabitants. As a result of the enormous economic upswing over the last decades, it is considered the nation's «show-place» state. The proverbial diligence of its inhabitants is one of the decisive factors of this success, which has been under a «lucky star» since the development of the first automobile in 1886. Industry and trade are concentrated in Karlsruhe, Mannheim, Heilbronn and Ulm, and especially in and around Baden-Württemberg's capital of Stuttgart, which also enjoys international renown as a city of art, ballet and theatre.

Art treasures can be found throughout the state: Romanesque churches on Lake Constance, Gothic cathedrals in Freiburg and Ulm, the Cistercian Cloister of Maulbronn and splendid baroque buildings such as the Abbey Church in Zwiefalten. Today, the romantic aura of times long past still clings to the venerable university cities of Heidelberg and Tübingen. In Baden-Württemberg, people live where others vacation: from the Black Forest to the area around Lake Constance, on the Neckar and in the Tauber Valley. Thermal springs and spa waters effervesce in 59 health resorts, whose gamut ranges from highly fashionable Baden-Baden to small informal spas. Those wishing to quench their thirst with something other than the spa waters will appreciate the good wines maturing in the country's mild climate.

Par sa superficie de 35 751 kilomètres carrés et sa population (environ dix millions d'habitants), le Bade-Wurtemberg se place au troisième rang des Länder de République fédérale. En raison de son essor économique remarquable durant ces dernières décennies, on le considère souvent comme un Land modèle. Ce succès est dû en grande partie au zèle proverbial des habitants, qui vivent sous une «bonne étoile» depuis 1886, date de la fabrication de la première automobile par Gottlieb Daimler et Wilhelm Meybach. Les activités industrielles et commerciales sont concentrées à Heilbronn, Mannheim, Ulm et Karlsruhe – disposant d'un grand port sur le Rhin –, et surtout à Stuttgart, la capitale, qui jouit d'une réputation internationale de métropole du théâtre, de la danse et des beaux-arts.

Les trésors artistiques sont bien répartis dans l'ensemble du Land: citons les églises romanes du lac de Constance, les cathédrales gothiques de Fribourg et d'Ulm, l'abbaye cistercienne de Maulbronn, les superbes édifices baroques tels que l'abbatiale de Zwiefalten. Quant aux vénérables villes universitaires d'Heidelberg et de Tübingen, elles sont toujours auréolées de leur gloire romantique passée.

Les habitants du Bade-Wurtemberg vivent là où d'autres viennent en vacances: de la Forêt-Noire au lac de Constance, de la vallée du Neckar à celle du Tauber. On ne compte pas moins de cinquante-neuf stations thermales, depuis Baden-Baden, ville thermale mondaine, aux petits établissements familiaux. Quant à ceux qui ne veulent pas étancher leur soif uniquement avec de l'eau minérale, ils sauront apprécier les fruits des bons cépages mûris au doux climat du Bade-Wurtemberg.

Die Kirche St. Michael ist eine der Hauptattraktionen von Schwäbisch Hall im Nordosten Baden-Württembergs.

The church of St. Michael is one of the main attractions in Schwäbisch Hall in the north-east of Baden-Württemberg.

L'église St Michel est l'un des principaux monuments de Schwäbisch Hall, ville au nord-est du Bade-Wurtemberg.

Vorangehende Doppelseite: Über der Stadt Wertheim erhebt sich eine Burg aus dem 12. Jahrhundert.

Previous double page A 12th century castle rises over the city of Wertheim.

Double page précédente: forteresse en ruine du XIIᵉ siècle dominant la ville de Wertheim.

Am Rand des Karls-
ruher Schloßparks lie-
en die Gewächs- und
Palmenhäuser des
Botanischen Gartens.

On the edge of
Karlsruhe's castle
gardens are the green-
houses and palm
houses of the
Botanical Gardens.

Les serres et les oran-
geries du jardin bota-
nique de Karlsruhe,
à proximité du
château.

Das Zentrum des
barocken Karlsruher
Schlosses ist der
achteckige Turm.

The octagonal
tower is the centre of
the baroque castle
in Karlsruhe.

La tour octogonale est
l'élément dominant
du château baroque
de Karlsruhe.

*Der Stuttgarter
Schloßplatz wird
von der spätbarocken
Dreiflügelanlage
des Neuen Schlosses
und der Jubiläums-
säule aus dem Jahr
1841 bestimmt.*

*Stuttgart's Castle
Square is defined by
the late baroque
triple-winged
New Castle and the
Jubilee Column
from 1841.*

*La place du Château
de Stuttgart, délimité
par les trois ailes du
Nouveau Château
et dominée par la
colonne du Jubilée,
érigée en 1841.*

*Vorangehende Dop-
pelseite: Das Große
Haus des Württem-
bergischen Staats-
theaters in Stuttgart
hat ein Balletten-
semble von Weltrang.*

*Previous double page:
Württemberg's state
theatre in Stuttgart
has a world-renowned
ballet troupe.*

*Double page précé-
dente: célèbre grâce à
sa compagnie de bal-
let, le Théâtre natio-
nal du Wurtemberg,
à Stuttgart.*

Oben und unten: Auf
der Insel Mainau im
Bodensee gedeihen
selbst tropische Pflan-
zen – und Tiere, wie
der in Südasien be-
heimatete Pfau.

Top and bottom: On
the island of Mainau
in Lake Constance
even tropical plants
thrive – as do ani-
mals, such as the pea-
cock, whose home is in
South Asia.

En haut et en bas:
l'île de Mainau sur
le lac de Constance.
Le climat y est si doux
qu'il convient aux
plantes tropicales et à
des paons, originaires
d'Asie du Sud.

Folgende Doppelseite:
Blick auf die Dächer
der mittelalterlichen
Stadt Meersburg
am Bodensee.

Following double-
page: View of the
roofs of the medieval
city of Meersburg on
Lake Constance.

Double page sui-
vante: vue sur les
toits de la ville mé-
évale de Meersburg,
au bord du lac de
Constance.

Bollenhut (links)
und Schäppelkrone
(rechts) gehören zu
den typischen
Schwarzwälder
Trachten.

Part of the Black
Forest traditional
costume are a
Bollen hat (left) and
the Schäppelkrone
(right).

Le Bollenhut
(à gauche) et la
Schäppelkrone (ci-
contre) font partie du
costume traditionnel
de la Forêt-Noire.

Trachten verleihen
der Fronleichnams-
prozession im
Schwarzwald einen
eigenen Charakter.

Traditional costume
lend a special char-
acter to the Corpus
Christi procession in
the Black Forest.

Les costumes tradi-
tionnels de la Forêt-
Noire confèrent à la
procession de la
Fête-Dieu un cachet
particulier.

306

307

Das Ravensburger
Tor in Wangen,
einem der ältesten Or-
te des Allgäus. Das
Renaissancetor wurde
im 17. Jahrhundert
erhöht und mit vier
Ecktürmchen gekrönt.

The Ravensburg
Gate in Wangen,
one of the oldest
towns in the Allgäu.
The Gate, originally
in Renaissance style,
was raised in
the 17th century and
crowned with four
corner towers.

La porte de
Ravensburg à
Wangen, l'une des
plus vieilles villes de
l'Allgäu. Cet édifice
Renaissance fut
rehaussé et agrémenté
de quatre tourelles
d'angle au
XVIIᵉ siècle.

Oben: Blick auf die Innenstadt von Freiburg im Breisgau . Unten: Der Wasserturm ist das Wahrzeichen von Mannheim.

Top: View of the inner city of Freiburg in Breisgau. Bottom: The water tower is Mannheim's landmark.

Ci-dessus: vue du centre de Fribourg-en-Brisgau. Ci-dessous: le château d'eau, emblème de Mannheim.

Folgende Doppelseite: Vom 1 414 Meter hohen Belchen im Südbreisgau sind an klaren Tagen am Horizont die Alpen zu sehen.

Following double page: the Alps are visible in clear weather from the 4,595-foot-high Belchen in south Breisgau.

Double page suivante: depuis le Belchen, (1 414 m) au sud du Brisgau, on peut apercevoir par temps clair les Alpes à l'horizon.

Register

Index

Index

English

*List of all place names which
can be Anglicised. All other place
names are to be found in the
German index above.*

Text- und Bildnachweis

Textnachweis

Herrmann Allmers: Marschen-buch. Bremen und Leipzig 1861.

Heinrich Böll, in: Essayistische Reden und Schriften 1. Köln: Verlag Kiepenheuer und Witsch 1979.

Wolfgang Borchert: Das Gesamt-werk. Reinbek: Rowohlt Verlag 1979.
Englische Übesetzung von David Porter, in: The Man Outside: The prose works of Wolfgang Borchert. London: Hutchinson International Authors 1952.

Hans Wolfram Geissler: Der liebe Augustin. Zürich: Sans-souci Verlag 1921.

Max von der Grün, in: MERIAN, 30. Jahrgang/Heft 7, Sauerland.

Heinrich Heine, in: Reisebilder. Frankfurt am Main: Insel Verlag 1980.
Englische Übersetzung von Helen M. Mustard, in: Heinrich Heine: Selected Works. New York: Random House 1973.
Französische Übersetzung in: Tableaux de voyage, Académie Verlag Berlin. Paris: Éditions du C.N.R.S 1978

Jules Huret: En Allemagne, la Bavière et la Saxe. Paris: Éditions Fasquelle 1911.

Horst Krüger, in: K.-H. Jürgens, H. Krüger, Zwischen Rügen und Elbsandsteingebirge. Würzburg: Stürtz Verlag 1981.

ders.: in: F. Grube/F. Richter: Die Bundesrepublik Deutsch-land. Ein MERIAN-Buch. Hamburg: Hoffmann und Campe Verlag 1985.

ders.: Un bon Allemand. Actes Sud 1984.

Thomas Mann: Gladius Dei, in: Sämtliche Erzählungen, Frankfurt am Main: Fischer Verlag 1971.
Englische Übersetzung von H.T. Lowe-Porter, in: Stories of Three Decades. New York: Knopf Publishing 1936.

Montesquieu: Voyages en Europe 1728 1732, in: Œuvres complètes, Éditions du Seuil 1962.

Joseph Roth: Werke Bd. 3. Köln / Berlin: Verlag Kiepenheuer und Witsch 1975/76.

Germaine de Staël: De l' Allemagne. Paris: Garnier-Flammarion 1968.
Deutsche Übersetzung: Nach der deutschen Erstübertragung von 1814, hrsg. von Monika Bosse: Über Deutschland. Frankfurt am Main: Insel Verlag 1985.

Thaddäus Troll, Stuttgart, Stutt-gart. Stuttgart: Deutsche Verlags-Anstalt 1969.

Kurt Tucholsky: Gesammelte Werke in zehn Bänden (Bd. 7). Reinbek: Rowohlt Verlag 1975.

Mark Twain: A Tramp in Europe. Harper & Row 1977.
Deutsche Übersetzung: Zu Fuß durch Europa, Göttingen o.J.

Peter Wapnewski: MERIAN, 25. Jahrgang, Heft 1, Deutsch-land.

Wir danken allen Rechte-inhabern für die Erlaubnis zum Nachdruck. Trotz intensiver Bemühungen war es nicht mög-lich, alle Rechteinhaber zu ermit-teln. Wir bitten diese, sich an den Verlag zu wenden.

Bildnachweis

Josef Bieker: 32 M., 294 o. u.

Josef Bieker/Ulrike Romeis: 2/3, 296/297, 298, 299 o., u., 300/301, 302, 303 o., u., 304/305, 306 o.l., o.r., u., 307, 308/309, 310 o.l., o.r., 311, 312, 313 o., u., 314, 315.

Christiane Böttcher: 88 u.

Christiane Böttcher/ Thomas Tiensch: 86/87, 88 o., 94.

Fritz Dressler: 4, 6/7, 16 u., 19 u., 52 o.l., 54/55, 56 o., u., 57, 58/59, 60, 61o., u., 62/63, 66, 67 o., u., 67/69, 96/97.

Hauke Dressler: 1 M., 18 M., 20 u., 22 M., 28 u., 64/65, 116/117, 118 o., u.l., u.r., 134 o., u., 120, 121, 122 o., u., 123, 124, 125 o., u., 126/127, 130 o., u., 131, 132/133, 136/137, 138, 139 o.l., o.r., u., 140/141, 142 o., u., 143, 144, 145 u., 146 o., u., 147 o.l, u., 148 o., u., 149, 150/141.

Monika Engelmann: 95 o.

Susanne Hinderks: 19 o., 23 o., u., 70 o., 72/73, 74, 75 o., u., 76/77, 78, 79 o., u., 80 o., u., 81, 82/83, 84 o.,89, 90, 91, 92/93, 95 u., 152 o., 154/155, 156 o., u., 157, 158/159, 160, 161 o., u., 162 o.l., 162 o.r., 162 u., 163, 164/165.

Joerg Hoffmann: 24 o., u., 25 M., 166 o., u., 168/169, 170, 171 o., u., 172, 173, 174, 175 o., u., 176/177, 178o., u., 176/177, 178 o., u., 179, 180/181, 182, 183 o., u., 184 o., u., 185, 186/187.

Detlef Ihlenfeldt: 34 o.r., 39, 52 u.r., 98 o., u.l., 100/101, 102 o., u., 103, 108, 109 o., u., 110 o., u., 111, 112/113, 114, 115 o. , u., 204 o., u., 206/207, 208 o., u., 209, 210/211, 212, 213 o., u., 214/215.

Tom Krausz: 1 o., 14 M., 16 o., 20 o., 34 u.l., 36/37, 38. o., u., 40, 41 alle 6 Abb., 42/43, 44/45, 46/47, 48, 49 o., u., 50/51.

Georg Kürzinger: 1.u., 6/11, 15 o., 20 u., 21 M., 27 o., u., 28 u., 29 M., 30 o., u., 31 M., 128, 129, 216 o., u.l., u.r., 218/219, 220 o.l., o.r., u., 221, 222 o., u., 223, 224, 225 o., u., 226/227, 228 o., u., 229, 230/231, 232 o., u.l., u.r., 234/235, 246/247, 248 o., 268 o., M., u., 270/271, 272 o., u., 273, 274/275, 276, 277 o., u., 278/279, 280, 281 o., u., 282 o., u., 283, 284/285, 286 o., u., 287 o., u., 288/289, 290, 291 o., u, 292/293.

Axel M. Mosler: 8/9, 15 u., 26 M., 28 o., 104, 105 o., u.,106/107, 188 o.l., o.r., u., 190/191, 192 o., u., 193, 194/195, 196, 197 o., u., 198/199, 197 o., u., 198/199, 200, 201 o.l., o.r. u., 202/203, 236 o., u., 237, 238/239, 240 o., u., 241 o., u., 242/243, 244, 245 o.l., o.r., u., 248 u.l., u.r., 250/251, 252, 253, 254/255, 256, 257 o., u., 257/259, 260, 261 o., u., 262, 263, 264 o.l., o.r., u., 265, 266/267.

Ulrike Romeis: 32 M., 33 o., u.

Die Vorlagen für die Flaggen der Bundesländer lieferte die Firma Fahnen Koch GmbH, Coburg. Sämtliche Karten zeichnete Astrid Fischer-Leitl, München.

Autoren/Übersetzer

Essay: Hans Dollinger

Begleittexte zu den Karten: Heiderose Engelhardt

Übersetzung ins Englische: Naomi Sidaway-Sollinger Übersetzung ins Französische Soizic Gavaud-Willner, Marcel Saché

Alle Angaben dieses Bandes wur-den von den Autoren sorgfältig recherchiert und vom Verlag auf Stimmigkeit und Aktualität ge-prüft. Allerdings kann keine Haf-tung für die Richtigkeit der Infor-mationen übernommen werden. Für Hinweise und Anregungen sind wir jederzeit dankbar. Zuschriften bitte an Verlag C. J. Bucher, Lektorat, Goethe-straße 43, 80336 München.

Impressum

Sonderausgabe für Cormoran in der Verlagshaus Goethestraße GmbH & Co. KG, München
©1994 by C. J. Bucher Verlag GmbH, München
Technische Produktion: Satz: DTP im C. J. Bucher Verlag GmbH, München
Repro: Fotolito Longo, Frangart
Druck und Verarbeitung: Editoriale Lloyd, I-Triest
Alle Rechte vorbehalten
Printed and bound in Italy
ISBN 3-517-07990-1